KB267238

집, 도시를 말하다

집, 도시를 말하다

ⓒ이종선, 2026

초판 1쇄 펴낸날 2026년 3월 9일

지 은 이 이종선
펴 낸 이 김혜라

진　　행 김서연
편　　집 이기영 김혜라
마 케 팅 김태혁 손민기
디 자 인 최진영

펴 낸 곳 도서출판 상상미디어
주　　소 서울특별시 중구 퇴계로30길 15-8 무석빌딩 5층
전　　화 02.313.6571~2 / 02.6212.5134
팩　　스 02.313.6570
이 메 일 3136572@naver.com
홈페이지 www.상상미디어.com
출판등록 제312-1988-065

ISBN 978-89-88738-46-7(03300)
값 17,000원

집,
도시를
말하다

이종선 지음

상상미디어

집은 신분이 아닌
삶의 토대여야 합니다

집은 가족의 삶을 영위하는 최소한의 공간이자, 하루의 고단함을 씻어내는 가장 기본적인 필수재입니다. 그러나 어느덧 집은 '주택금융화'라는 거대한 흐름 속에서 투자와 투기의 수단으로 변질되었습니다. 나아가 어디에 사느냐가 신분을 증명하는 '지위재'로 전락하고 말았습니다. 거주 지역에 따라 상급지와 하급지를 나누고, 내 집이 서열의 정점에 오르기를 갈망하는 아우성 속에 '주거 양극화'는 우리 시대의 가장 아픈 단면이 되었습니다.

저는 1995년, 공기업 입사 나이 제한이 서른 살이던 시절에 29.9세라는 나이로 서울도시개발공사(현 SH)에 입사했습니다. 그 후 2023년 경기주택도시공사(GH)로 자리를 옮기기까지, 30년 넘는 세월을 도시를 짓고 주거를 고민하는 현장에서 보냈습니다.

이 책은 우리가 당연하게 믿어온 주거에 대한 '환상'과 '통계의 함정'에 던지는 질문에서 시작되었습니다. "과연 세상에 '반값 아파트'가 존재하기는 하는가?" "주택보급률은 100%를 넘겼다는데, 왜 무주택 가구는 여전히 44%에 달하는가?" "인구는 줄어드는데 왜 도시의 집은 늘 부족한가?"

'짝퉁 임대주택'이라는 오명을 쓴 매입임대주택의 실효성부터 분양원가 공개가 집값에 미치는 영향, 공공주택 입주 자격의 사각지대, 토지임대부 및 지분적립형 분양주택, 그리고 MZ세대의 자산 사다리 문제까지 현장의 목소리를 가감 없이 담았습니다.

로버트 라이시는 저서 《자본주의를 구하라》에서 빈곤층에게 정말 부족한 것은 야망이 아니라 '기회'라고 말했습니다. 출생률 0.75명이라는 비극적 지표 앞에 선 우리 시대 청년들에게 지금 가장 절실한 것은 자산 사다리를 오를 수 있는 '공정한 기회'입니다. 주거 정책은 국민의 삶에 체화된 현실을 부정해서는 결코 성공할 수 없습니다. 단순히 집을 짓는 물량 공세를 넘어, 어르신들이 살던 곳에서 품위 있게 늙어갈 수 있는 환경(AIP, AIC)을 조성하고, 청년들에게는 안정적인 시작을 보장하는 '기회의 도시'를 설계해야 합니다.

제인 제이콥스가 강조했듯, 매력적인 도시는 화려한 랜드마크가 아니라 보행자가 소소한 즐거움을 누리며 교류하는 '거리'에서 완성됩니다. 성수동 골목길처럼 걷고 싶은 길이 살아있는 도시, 자동차가 아닌 사람이 중심이 되는 도시가 우리가 지향해야 할 미래입니다. 대형 주상복합과 천편일률적인 아파트 단지가 앗아가 버린 '도시의 활기'를 어떻게 회복할 것인가에 대한 고민도 본문에 깊이 녹여냈습니다.

경기도라는 '기회도시'에서 일하며 저는 집이 더 이상 신분의 상징이 아닌, 누구에게나 공평한 삶의 토대가 되어야 함을 다시금 절감했습니다. 이 책의 글들은 2024년 이후 주요 이슈가 발생할 때마다 기록한 것으로, 현장감을 위해 가급적 작성 당시의 시점을 살려 수록했습니다. 정책을 향한 날카로운 비판도, 대안을 향한 긍정적인 희망도 모두 우리 도시가 나아가야 할 방향에 대한 치열한 고민의 흔적입니다.

저의 생각이 때로는 투박하거나 생소하게 느껴질지도 모르겠습니다. 그럼에도 이 책이 정책을 입안하는 이들과 시민들에게 "집과 도시는 어떠해야 하는가?"라는 새로운 화두를 던지는 계기가 되길 소망합니다.

글로 기록하고 책을 내는 과정이 두렵기도 했습니다. 하지만 많은 분이 주거에 대한 고정관념에서 벗어나 새로운 상상을 시작해보길

                                          집, 도시를 말하다

바라는 마음으로 용기를 냈습니다. 집에서 시작해 마을로, 다시 도시로 이어지는 이 이야기들이 우리가 함께 살아갈 더 나은 도시를 만드는 작은 밑거름이 되기를 기대합니다.

거친 글임에도 책을 낼 수 있도록 아낌없는 용기를 주신 수도시민경제 이기영 국장님과 상상미디어 김혜라 대표님, 그리고 늘 든든한 버팀목이 되어주는 가족 유연재, 이호준, 김아현에게 깊은 감사를 전합니다.

2026년 3월 9일

이경선

목차

책을 내며

제1부

집과 도시 이야기

  집, 도시를 말하다

제4부

야망계급과 매력도시

제1부

집과 도시 이야기

제1부

집과 도시 이야기

왜 정부의 주택보급률은 늘 체감이 안 될까? 2024.9.13.

　우리나라의 주택보급 실태를 파악하기 위해 정부에서 공식적으로 발표하는 지표로 주택보급률이 있다. 국민 전체 가구수 대비 주택의 수가 어느 정도인가를 알려주는 지표로 정부에서는 매년 주택보급률을 발표하고 있다. 주택보급률을 산정함에 있어서는 인구주택총조사에서 사용하는 '가구' 개념을 사용하고 있다. 가구는 주민등록 여부와 상관없이 함께 취사, 취침, 생계를 같이 하는 경우를 의미하고, 세대는 주민등록상 같은 세대원으로 되어 있는 경우를 의미한다.

　국가데이터처에서 2024년 3월 26일 발표한 자료에 의하면 2022

년도 전국 주택보급률은 102.1%이고 서울의 주택보급률은 93.7%라고 한다. 이 수치는 최근 몇 년간 크게 변동이 없다. 2015년 이후 전국의 주택보급률은 102~104% 사이에 있고, 서울은 93~96% 정도이다.

숫자로만 보면 전국의 모든 가구가 살 수 있을 정도의 집이 있는 것처럼 보인다. 물론 지방의 경우에는 빈집도 있지만 주택보급량에 있어서는 부족할 정도는 아니라는 인식을 갖게 된다.

그런데 늘 공급부족이라고 하고 주변엔 집 없는 사람이 왜 이리 많은지 의문을 갖지 않을 수 없다. 아무리 지방의 빈집도 있고 다주택자도 문제라고 한다지만 현실에서 느끼는 간극이 이렇게까지 크게 와닿는 것은 통계가 보여주는 착시라고 하기에는 과하다는 생각이 들었다.

주택보급률의 산식은 주택수÷가구수이다. 매우 단순한 계산식이고 복잡할 것도 없는데 왜 현실을 제대로 반영하고 있지 못할까 하는 의문이 생겼다.

그러나 비밀은 2023년 12월 국가데이터처에서 배포한 〈주택보급률 통계정보 보고서(2023.12)〉에 숨어 있었다. 보고서에 따르면, 2005년부터는 다가구주택을 단독주택 1호로 보지 않고, 그 집에 세 들어 사는 임차 가구수에 맞춰 주택수를 산정하고 있다. 이로 인해 주택 공급량이 실제보다 과도하게 집계되는 결과를 초래한다.

또한 현재 국내 거주 외국인이 250만 명에 달하지만 통계상 이들

　　　　　　　　　　　　　　　　　　　　　　　집, 도시를 말하다

이 거주하는 주택은 주택수에 포함되는 반면 정작 외국인이나 보육원 등은 가구수에서 제외된다. 이처럼 분자는 커지고 분모는 작아지는 구조 탓에 주택보급률이 실제보다 과하게 부풀려지는 착시현상이 나타나는 것이다.

국가데이터처가 올려놓은 데이터를 기반으로 체감 가능한 가구별, 세대별 주택보급률을 다시 계산해 보았다. 2023년 말 기준 전국의 가구수 대비 주택보급률은 86%(19,546,299호/22,728,163가구)이고 세대수 대비 주택보급률은 81.7%(19,546,299호/23,914,851세대)이다. 한편 서울은 2023년 말 기준 가구수 대비 주택보급률은 73.4%(3,155,331호/4,298,420가구)이고 세대수 대비 주택보급률은 70.6%(3,155,331호/4,469,417세대)이다.

물론 이렇게 계산하는 방식을 정부에서 도입하지 않은 것에는 그 이유가 있을 것이다. 그래서 그 이유를 알아보려 했지만 찾을 수가 없었다.

1 더하기 1은 2가 되는 것처럼 명백한 답이 있는 경우를 제외한다면, 정부가 발표하는 통계는 오류 여부와 상관없이 국민이 피부로 느끼는 현실과 일치해야 한다. 주택보급률을 과다하게 집계함으로써 투기 수요를 억제하는 효과를 거둘 수 있을지는 모르나, 보급률이 100%를 상회함에도 여전히 집이 부족하다면 그 지표는 수명을 다한 것이다. 이제라도 국민이 체감하는 현실을 반영한 새로운 주택보급률 지표를 마련해야 한다.

국가데이터처의 자료를 바탕으로 산출해 보면, 전국은 물론 서울 역시 인구는 감소할지언정 1~2인가구와 세대수가 폭발적으로 증가하면서 주택공급이 현저히 부족한 실정이다. 1~2인가구라고 해서 방 한 칸이면 충분한 것이 아니다. 그들에게 필요한 것 또한 '주택 한 채'이기 때문이다.

지난 주말 KBS에서 청년들의 결혼과 저출생 극복을 주제로 하는 특강이 있었다. 해당 프로그램을 보다가 결혼을 할 확률이 자가인 경우는 18.9%, 전세인 경우는 14.5%, 월세인 경우는 6.6%이고 첫 자녀를 출산하는 것도 자가인 경우는 35%, 전세인 경우는 24.9%, 월세인 경우는 15.5%라는 통계를 볼 수 있었다. 결혼하는 것도 자녀를 출생하는 것도 주거문제가 가장 큰 결정요인이라는 것을 알 수 있다.

이제라도 주택보급률이 100%를 넘었다는 숫자 뒤에 숨어 국민에게 '희망고문'을 되풀이하는 일은 멈춰야 한다. 통계적 수치에만 매몰될 것이 아니라, 현실의 결핍을 정확히 반영하는 제대로 된 주택보급률 지표를 새로 구축해야만 한다.

집(주택) 있는 집(가구)은 얼마나 될까? 2024.11.21.

'주택을 소유한 가구의 평균 주택 자산가액은 3억 2,100만 원, 평균 소유주택수 1.35호, 평균 면적은 86.6㎡, 평균 가구주 연령은 57.3세, 평균 가구원수는 2.55명.'

위 내용은 지난 2024년 11월 18일에 국가데이터처에서 발표한 '행정자료를 활용한 「2023년 주택소유 통계」 결과'라는 보도자료에 나온 내용으로 집을 가진 가구의 일반적인 특성이다. 물론 가액은 공시가격이므로 실제 거래가격과는 차이가 있다.

해당자료에 의하면 10분위(상위 10%)의 평균 주택자산가액은 12억 5,500만 원이고 1분위(하위 10%)는 3,100만 원으로 양자간에는 약 40배 차이가 난다.

이 자료를 활용한 언론 보도는 상위10%와 하위 10%의 집값이 40배이고, 어느 동네 집값은 얼마인데 어디는 얼마이고, 공시지가 12억 원 이상의 주택이 몇 퍼센트 등의 좀 자극적인 제목의 기사들만 보인다. 조회수에 목마른 탓이기도 하겠지만 주택소유 가구의 특성에 대한 분석기사는 좀처럼 보이지 않았다.

그러다 보니 정작 중요한 실제 주택보급률과 가구의 주택소유율은 얼마이고, 왜 시중엔 항상 주택이 부족하다고 느껴지는 지에 대한 기사는 찾아보기 어려웠다.

대한민국 총 주택수는 1,954.6만 호이며, 전체 2,207.3만 가구 중 주택 소유 세대는 1,245.5만에 달한다. 이 중 1주택자는 921.7만, 2주택 이상 다주택자는 323.8만 명이며, 무주택 가구는 645.5만으로 집계되었다.

우리나라의 '주택보급률'은 2022년 기준 102.1%로 100%를 넘는다. 그런데 진짜 그렇게 느끼는 사람이 몇 명이나 될까? 주택보급률의 문제점은 이야기한 바 있다.

최근에는 세계 각국에서 사용하는 주택보급 지표로 인구 1,000명당 주택수를 발표하고 있으며, 미국(428호, 2021년 기준), 영국(441호, 2021년 기준), 일본(492호, 2018년 기준) 등 주요 선진국들의 인구 1,000명당 주택수는 420호를 상회하고 있고, 우리는 2022년 기준 인구 1,000명당 주택수는 430.2호로 주택공급수는 문제가 없는 것처럼 보인다.

정부 발표에 따르면 2022년 기준 주택수는 2,236.9만 호, 주택보급률은 102.1%에 달한다. 이는 다가구주택에 거주하는 임차 가구 수만큼을 개별 주택 수에 포함해 계산하는 방식(주택보급률 통계정보보고서, 2023.12)에 따른 결과로, 사실상 주택수가 과다하게 부풀려진 수치다.

반면, 동일한 국가데이터처의 또 다른 자료를 바탕으로 주택보급률을 재산출해보면 전혀 다른 결과가 나온다. 해당 자료상의 주택수(1,954.6만 호)를 가구 수(2,207.3만 가구)로 나누면, 주택보급률은 102.1%가 아닌 88.55%로 뚝 떨어진다.

 집, 도시를 말하다

같은 공공기관 내에서도 지표에 따라 주택 산정 기준이 제각각이고, 그에 따라 보급률이 10% 이상 출렁인다는 사실은 현재의 주택보급률이 얼마나 신뢰하기 어려운 지표인지를 여실히 보여준다. 결국 지금의 주택보급률은 현실의 수급 불균형을 가리는 '착시의 도구'로 전락했다는 비판에서 자유로울 수 없다.

주택보급률이 어떻건 인구 1,000명당 주택수가 얼마건 그렇다면 집(주택)있는 집(가구)은 얼마나 될까? 가구의 주택소유율을 보면 56.4%로 무주택가구의 수가 43.6%로 절반에 가까움을 알 수 있다. 즉, 두 집 중 한 집은 집이 없다.

우리 정서는 임대아파트에 살아도 내집마련을 위해서, 전세나 월세를 살아도 내집마련, 내집에 살아도 더 크고 좋은 곳에 내집마련을 하고자 한다. 또 혼자 살아도 내집마련, 둘이 살아도 내집마련, 여러 명이 살아도 내집마련에 진심이다. 아마도 이런 이유로 시중에는 주택공급이 늘 부족한 것처럼 느껴질지도 모른다.

※ 이 글은 국가데이터처에서 2024.11.18 배포한 보도자료인 〈행정자료를 활용한 「2023년 주택소유 통계」 결과〉를 기초로 작성하였다.

주택공급론자들의 착각 2025.10.2.

최근 부동산 가격이 급등하면서 주택공급론자들이 주로 인용하는 시기가 노태우 정부(1988.2~1993.2) 시절 200만 호 공급과 이명박 정부(2008.2~2013.2) 시절 그린벨트를 해제하여 보금자리주택지구 개발과 '반값 아파트'라고 우겨대는 '토지임대부 주택'의 공급을 그 원인으로 주택가격이 하락했다고 주장한다. 전자에는 일부 동의하지만 후자에는 전혀 동의하지 않는다.

노태우 정부 초기(1988년~1990년)에는 3저 호황(저유가, 저금리, 저달러)으로 인한 풍부한 유동성과 만성적인 주택공급 부족이 맞물려 전국적으로 부동산 가격이 폭등했었다. 그러나 정부의 강력한 정책 시행으로 1991년 이후 가격이 안정세로, 특히 수도권은 하락세로 반전되었다.
노태우 정부는 취임 초기부터 심화된 부동산 투기와 집값 폭등에 대응하기 위해, 공급 확대와 강력한 수요 억제 및 세제 강화를 동시에 추진했다. 특히, 토지 공개념에 기초한 획기적인 법률을 도입하여 규제 강도를 최고 수준으로 끌어올렸다. 지금으로 보면 어느 정부에서도 시행이 쉽지 않은 강력한 규제정책들이다.

우선 토지공개념 3법을 도입하여 첫째, 택지소유상한에 관한 법률(대도시기준 개인 200평 이상 대지 소유시 초과소유부담금 부과, 1999년 위헌결정), 둘째, 토지

초과이득세법(토지가격이 정상적인 지가 상승률 초과시 미실현 이득에 대한 세금부과, 1999년 위헌결정), 셋째, 개발이익 환수에 관한 법률(각종 개발사업으로 인해 토지소유자가 얻는 개발이익의 일정 부분 국가가 환수, 현행 유지)로 소유권에 공적인 제한을 가하였다.

다음으로는 세제 및 금융규제를 강화하는 방안으로 첫째, 종합토지세 실시(재산세와 토지세를 통합한 종합토지세의 시행으로 토지보유세 강화) 둘째, 양도소득세 강화(1가구 1주택 비과세 요건을 '3년 이상 거주, 5년 이상 보유' 및 투기지역 내 2주택이상 소유자에 대한 과세 강화) 셋째, 금융규제(주택구입 관련 대출 억제) 넷째, 부동산 가격의 과세표준 현실화 등의 정책을 시행하였다.

마지막으로 분양권 전매금지, 토지거래허가제 확대, 주택임대차 보호기간을 1년에서 2년으로 연장하고, 계약서에 확정일자 제도 도입, 부동산 거래 검인계약서 및 등기의무화를 도입하여 실수요자가 아닌 투기성 거래를 막고 주택공급 질서를 확립하는 데 집중했다.

노태우 정부는 1988년, 당시 주택 총량(약 740만 호)의 30%에 육박하는 '주택 200만 호 건설 계획'을 발표하며 시장에 강력한 시그널을 보냈다. 1991년경부터 분당을 비롯한 1기 신도시 입주가 본격화되자 요동치던 주택가격은 비로소 하향 안정세로 돌아섰다. 이와 더불어 시행된 '토지공개념 3법'은 사유재산권 침해라는 거센 논란 속에서도 부동산 투기 이익을 철저히 환수하겠다는 정부의 서슬 퍼런 의지를 보여준 가장 상징적인 조치였다.

국가데이터처 자료에 따르면 1990년에 전체주택수는 737만 호이고 가구수는 1,135만 3,000가구로 주택보급률(현실성이 떨어지는 지표라 좋아하진 않는다)이 71.3%로 절대적인 주택 부족 상태였고, 200만 호가 공급된다고 하니 가격이 떨어질 수 밖에 없었다. 그러나 추가적인 규제 정책이 결정적이라고 할 것이다.

이명박 정부 시절의 부동산 가격 하락(특히 수도권 아파트 시장)은 주로 대외적인 경제 충격과 정부의 대규모 공공주택 공급정책이 결합하여 발생했다. 이명박 정부 출범 직후인 2008년 9월, 미국발 '리먼 브러더스 사태(글로벌 금융위기)'가 발생하면서 국·내외 경제에 큰 충격을 주었고, 이는 주택 시장을 급격히 냉각시켰다.

금융위기로 실물 경기가 침체하고 가계의 소득 불안정성이 커지면서 주택 매수에 대한 소비자 심리가 극도로 위축되었다. 금융기관의 부실 우려와 자금 시장 경색으로 인해 전반적인 대출 환경이 악화되었다.

정부의 주택공급 정책, 특히 보금자리주택의 대규모 공급 계획은 침체된 부동산 시장에 "향후 주택 가격이 안정될 것이다"라는 강력한 시그널을 주면서 민간 주택 시장의 수요를 흡수하고 가격을 하락시키는 원인이 되었다.

강남 세곡, 서초 내곡 등 핵심 지역에 그린벨트를 해제하여 주변 시세보다 30~50% 저렴한 '반값 아파트(토지임대부)' 주택을 대규모로 공급하겠다는 계획은 민간 건설 시장의 사업성을 떨어뜨려 민간 공급을 위축시켰고, 기존 주택에 대한 매수 수요를 청약 시장으로 대거 흡

수했다. 보금자리주택이 공급된 수도권 외곽 지역뿐만 아니라, 강남권의 주택가격에도 하방 압력으로 작용했다.

또한 노무현 정부 시절 급등한 주택가격을 무리하게 대출받아 매수한 가구들이 금리 인상과 집값 하락을 겪으며 금융적 어려움에 처하는 '하우스 푸어' 문제가 사회적 문제로 부각되었다. 금융위기 이후 경제 불확실성이 커지면서 이자 상환 부담이 가중되었고, 이는 추가적인 주택 매수를 꺼리게 만드는 요인으로 작용했다.

이명박 정부는 부동산 시장을 살리기 위해 양도세 감면, 투기지역 해제, 대출 규제(DTI/LTV) 완화 등 역대급의 규제 완화 및 부양책을 썼음에도 불구하고, 대외적 경제 위기와 공공주택 공급정책이라는 두 요인으로 인해 수도권 주택 시장은 장기 침체를 겪었다.

즉, 이명박 정부 당시의 주택가격 하락은 여러 부양책에도 불구하고 대내외적 경기 침체의 영향이 결정적이었다. 따라서 '토지임대부 주택' 공급이 집값 하락을 견인했다는 주장은 상대적으로 설득력이 부족하다. 오히려 장기 침체에 빠진 시장 상황과 맞물려 가격이 하향 조정되었다고 보는 것이 타당하다.

결론적으로 주택공급론자들의 견해와 달리, 노태우 정부 시기는 강력한 세제와 수요억제책이, 이명박 정부 시기는 대내외적 경기 불확실성이 주택 시장을 침체로 이끈 가장 주된 원인이었다고 평가해야 할 것이다.

단언컨대 세상에 반값 아파트는 없다! 2024.2.20.

공공주택 정책은 시민단체나 이익단체의 선동적인 구호와는 결이 달라야 한다. 정책을 브랜드화하거나 명명할 때는 화려한 수식어보다 국민을 납득시킬 수 있는 설득력과 실현 가능성을 담은 언어를 선택해야 한다.

예를 들어 '천년주택'이라고 이름을 내걸었으면 소비자는 당연히 천 년의 세월을 하자 없이 견뎌낼 것이라고 기대하기 마련이다. 이를 두고 천 년을 버틸 만큼 튼튼하게 짓겠다는 각오를 표현한 것이라고 주장한다고 해서, 그런 식의 해명을 너그럽게 이해하고 받아들일 소비자는 그리 많지 않다.

토지임대부 아파트가 반값이 아닌 제값 아파트이듯이 일반 시민들 입장에서는 반값 아파트라는 단어가 가지고 있는 가치편향성으로 인해 시민들은 착각에 빠져 진짜 반값 아파트가 나오길 기대하는 것이다.

단언컨대 세상에 반값 아파트는 없다!

경기주택도시공사(GH)가 추진하는 '지분적립형 주택'은 그 명칭이 지닌 직관적인 의미 그대로다. 입주 시점에 최소 지분만 먼저 구입해 내 집처럼 살면서, 살아가며 나머지 지분을 차근차근 적립해 나가는 방식이다. 이렇게 20년 혹은 30년에 걸쳐 지분을 모두 채우고 나면, 대지 지분을 포함한 온전한 내 집을 마련하게 된다. 혹자는 지분적립 주택이 은행에서 대출을 받아서 내집을 마련하는 것과 별반 차이가 없다고 한다. 과연 그럴까?

금융기관의 대출을 활용해 집값의 60%를 이른바 '영끌'로 마련하고, 나머지 40%만 본인 자산으로 충당한다고 가정해 보자. 현재 5~6%에 달하는 고금리 상황에서 월수입의 대부분을 이자 비용으로 쏟아부어야 한다면, 서민들은 등골이 휘는 이자 부담 앞에 일할 의욕마저 꺾이고 사회적 활력마저 저하될 것이다.

그러나 지분적립형 주택은 최초 5분의 1 가격으로 우선 입주하고, 나머지 5분의 4 지분**(지분에 대한 금융이자는 예금이율로 가산: 현재 2~3%)**을 5년 단위로 20년 또는 30년에 걸쳐 분할 납부하는 방식으로 매월 금융이자를 납부해야 하는 것은 아니다.

5년 단위로 적금 붓듯이 추가지분을 확보해 나간다면 청년, 신혼부부, 서민들 입장에서는 초기 자금 부담이 적고, 내집마련에 대한 부담이 상대적으로 줄어들 수밖에 없다.

대출이율**(5~6%)**과 예금이율**(2~3%)**이 다르다는 사실을 꼭 기억해 주었으면 좋겠다. 그리고 지분적립형은 매월 이자를 납부해야 하는 것도 아니다. 그렇다면 만약 집값의 5분의 1 금액만 먼저 내고 입주하여 20~30년 동안 거주하면서 내집을 마련할 수 있다면 '반의 반값 아파트'라고 해야할 것이다. 하지만 우리는 이를 그냥 '지분적립형 주택'이라고 한다.

만약 토지임대부 주택을 반값 아파트라고 계속 우긴다면 지분적립형을 앞으로 '반의반값 아파트'라고 불러야 할지도 모른다.

지금 경기주택도시공사가 추진하고 있는 지분적립형은 60㎡이하 공공분양주택을 대상으로 우선 추진하여 건설원가에 5%미만의 최소이윤만 가산하는 방식이다. 실질적으로 시세대비 매우 저렴한 가격으로 그나마 가장 반값에 공급하려고 하고 있다. 대신 60㎡초과분에 대해서는 정상적인 이윤을 반영하여 일반분양의 방식으로 공급하여 발생하는 수익을 임대주택 건설 등의 재원으로 사용하고자 하는 것이다.

더 이상 소모적인 반값 아파트 논쟁으로 시간을 허비하지 말고 실현가능하고 실용적인 주택정책으로 청년, 신혼부부, 서민들의 삶의 질을 진정으로 향상시키기를 기대한다.

시장경제 자유민주주의 체제하에서 청년, 신혼부부, 서민들이 더 이상 낙오됨이 없이 자산축적을 하며 주거안정 기회를 만들어 주는데 노력해야 할 것이다.

'짝퉁임대주택'인 '매입임대주택'의 항변 2024.2.23.

  과거에는 집과 직장이 좀 멀어도 지금과 같이 교통혼잡이 심하지 않아 출퇴근길이 견딜만했다. 하지만 늘어나는 자동차로 인해 점점 고행의 길이 되면서 삶의 질도 그만큼 떨어질 수밖에 없게 되었다.

  집이 좀 좁고 누추하더라도 직장 근처에 내 집이 있다면 하는 것이 직장인 대부분의 바람일 것이다. 그러나 직장 근처에 내 집을 마련한다는 것은 서민들 입장에서는 언감생심이다. 아무리 싸고 좋은 임대아파트라도 직장에서 먼거리에 있다면 '빛 좋은 개살구'가 될 뿐이다. 즉 직장 근처인 도심지에 임대주택이 필요한 것이다.

  지금 서울을 비롯한 대도시의 직장 주변 도심권에는 임대아파트를 지을 땅이 거의 바닥이 났다. 도심권에 소규모라도 값싸고 질 좋은 임대주택이 있다고 하면 매우 환영을 받을 것이다.

  3년 전쯤의 일이다. 평소 친하게 지내던 기자들이 전화를 해와 모 시민단체에서 공기업들은 매입임대주택을 당장 멈추고 원가가 싼 공영개발을 통한 임대아파트를 공급하라는 기자회견을 한다는 것이었다.

  그러면서 매입임대주택은 짝퉁임대주택이고 토건세력인 집장사들을 위해서 담당자들과 짜고 시민의 혈세를 낭비하고 있다라는 것이 기자회견의 요지였다.

어이가 없었다.

서울 등 도심권에는 이미 개발가능한 택지가 없어 유일한 임대주택 공급 창구는 소규모 다가구, 원룸 주택 등을 매입하여 임대주택으로 공급하는 것이다. 소규모 다가구 주택을 건축하는 소형건설사는 집장사를 하는 것이고 공영개발을 통한 대단지 아파트를 건설하는 대형 건설사는 집장사를 하는 것이 아닌지, 대형 건설사는 토건세력이 아닌지 되묻고 싶다.

임대주택을 원가개념으로 접근해서 비싸게 지으면 악이고 싸게 지으면 선이라는 것도 황당한 주장이다. 국가나 지자체는 임대주택이 아무리 비싸더라도 필요한 곳에 많이 지어야 한다. 그래야 서민들의 삶이 고단해지지 않는다. 우리가 비싸게 임대주택을 지었다고 해서 비싼 임대료를 받진 않는다.

서민들은 그 좋은 임대아파트에 들어가고 싶어도 그러지 못하는 더 큰 이유가 있다. 임대료와 관리비 부담 때문에 주저하게 되고 그나마 임대료가 싸고 관리비가 없는 다가구, 원룸 등을 선호하게 되는 것이다. 서민들의 삶을 제대로 알고 그런 주장을 하는지 이해가 되질 않았다.

매입임대주택은 입주자격이 생계수급자, 의료수급자, 한부모가족, 최저주거기준 미달자 등 소득 1~2분위에 있는 분들이 대부분이다. 이런 분들에게 영구임대아파트 입주를 권유해도 임대료는 고사하고 관리비 부담이 만만치 않아 꺼리고 있다. 과거 구룡마을 화재

당시 이재민들에게 임시 이주 주택으로 재개발 임대아파트의 공가를 제공했을 때 입주하기를 꺼려한 것도 그러한 현실적인 이유가 있었다.

임대주택은 건설원가가 좀 비싸더라도 필요한 곳에 필요한 사람들을 위해서 많이 공급해야 한다. 이것이 경기주택도시공사(이하 GH), 서울주택도시개발공사(이하 SH), 한국토지주택공사(이하 LH) 등 공기업이 해야 할 역할이다.

이지머니, 분양원가 공개 그리고 집값 2024.3.1.

경제학의 아버지 아담 스미스는 "다른 모든 조건이 일정하다면, 재화의 가격은 수요와 공급에 의해 결정된다"고 했다. 하지만 그때나 지금이나 세상의 조건이 일정하게 유지되는 법은 없다. 소득 수준의 변화, 원자재 가격의 변동, 전쟁과 기후적 요인 등 수많은 변수가 끊임없이 교차하기 때문이다.

그럼에도 우리는 스미스의 이론이 틀렸다고 말하지 않는다. "다른 조건이 일정하다"는 가정을 전제했기 때문이다. 하지만 오늘날 그 누구도 오직 수요와 공급의 원리만으로 가격의 모든 것을 논하지는 않는다.

화폐는 매우 이기적이고 사람 누구도 가지고 있지 않은 혜안을 가지고 있다. 항상 수익이 나고 조금이라도 금리가 높은 곳으로 움직이고 손해가 나는 듯싶으면 바로 빠져나온다. 우리는 저금리 상황 하에서 풍부한 유동성을 기반으로 움직이는 돈을 '이지머니(easy money)'라고 한다. 이 돈의 흐름을 보면 정밀하지는 않지만 아주 재미난 공통점이 있다.

또한 기준금리도 다른 조건이 모두 일정하다는 가정하에 화폐의 수요, 공급만 가지고 결정하는 것이 아니라 미국의 금리상황, 국내 경제상황 등 여러 변인을 고려하여 결정된다. 이러한 고려 없이 다른 조건이 일정하다는 가정하에 인위적으로 고금리 저금리 정책을 사용한다면 그로 인한 나라 경제 전체에 미치는 후폭풍을 감당하기 어려울 것이다.

기준금리가 높아지면 화폐는 국채 등의 채권시장이나 예금으로 몰리면서 시중의 유동성이 줄어들고, 미국의 금리가 더 높다면 미국 쪽으로 화폐는 또 움직이게 된다. 기준금리가 낮아지면 시중에 유동성이 풍부해지면서 화폐는 더 높은 수익을 찾아 주식이나 부동산 시장으로 빠르게 몰려들게 마련이다.

개별적인 집값은 교통, 교육, 환경 등 다양한 요소에 의해 가격이 결정되지만 전체적인 부동산 시장은 학문적인 연구 결과가 있겠지만 다음과 같은 공통점이 있는 듯하다. 기준금리의 절대적인 높고 낮음보다는 직전의 기준금리보다 상대적으로 높아지거나 낮아지는 것에 더 영향을 받는 경향이 있다.

1997년말 IMF 금융위기 당시 기준금리가 상대적으로 폭등하면서 집값이 하락했고, 2000년부터 기준금리가 하락하기 시작하며 부동산 가격이 상승하기 시작했고, 급기야 노무현 정부 초기에는 버블세븐이라는 신조어가 나올 정도로 부동산 가격이 상승했다.

2005년부터 기준금리가 상승하며 부동산 가격이 하락하다 2008년 금융위기 이후 기준금리가 고점에서 다시 하락하고 2012년 이후 기준금리 2차 하락기에 접어들자 집값도 서서히 상승으로 전환

됐다. 2017년 반짝 상승하던 기준금리가 2019년 코로나 팬데믹으로 인해 시중에 대거 유동성이 풀리는 제로금리가 되어서는 갈 곳을 잃은 화폐들이 부동산 시장과 주식 시장으로 대거 유입되어 상승을 견인했다.

2022년 이후 엔데믹과 유동성긴축으로 기준금리가 다시 상승으로 돌아서며 부동산은 다시 하락기로 접어들게 된 것이다.

물론 이러한 금리와 유동성에만 의지한 부동산시장 가격 흐름을 논하는 것이 오류가 있을 수 있겠지만 단순히 고금리 저금리에 따라 부동산 가격이 내린다 오른다라고 정의하는 것보다는 기준금리가 상승기냐 하락기냐에 따른 움직임이 더 크다는 개략적인 공통점은 있는 듯하다.

그동안 한국에서 집값을 잡기 위한 수많은 부동산 대책이 나오고 또 집값을 띄우기 위한 수많은 대책이 나오지만 먹히지 않는 이유가 여기에 있지 않나 싶다.

기준금리의 변동과 연동되는 유동성대책이 나와야만 부동산정책이 먹혀들어갈 것 같다는 생각이 든다. 최근 기준금리의 하락이 전제되지 않는 특례보금자리론, 신생아 대출론을 통한 유동성 확대가 부동산 가격 상승으로 가지 않는 이유이다.

지나간 준공단지의 분양원가를 아주 세밀하게 공개했다고 해서 그로 인해 집값이 하락하는 일은 없다는 뜻이다. 공교롭게 기준금리 상승기에 분양원가를 공개했을 뿐이고 금리 하락기에는 어떤 대책을 내놔도 집값이 상승하는 대세를 꺾을 수 없는 것이다.

그러니 집값을 좌지우지하겠다는 오만한 대책보다는 꾸준하게 무주택서민의 주거안정과 청년·신혼부부 등 미래 세대에게 집 걱정 없이 살면서 자녀를 키울 수 있는 정책을 지속적으로 개발해야 할 것이다.

자동차의 공공주택 입주자격 2024.3.4.

국민학교 다닐 때의 일이다. 새 학년 초면 어김없이 가정환경조사 시간이란 것이 있어서 "집에 냉장고 있는 사람, TV 있는 사람, 전화 있는 사람, 세탁기 있는 사람?" 하고 손을 들라고 했었다. 마지막에 자가용 있는 사람?" 하고 호명했을 때 70명 가까이 되는 반에서 두세 명이 손을 들었고, 이때 아이들 모두 "우와~" 하면서 부러운 눈으로 쳐다본 적이 있다.

어린 마음에 나도 한 번쯤은 손을 번쩍 들고 싶었지만 한 번도 손을 들지 못한 채 고개를 숙이고 집으로 돌아온 기억이 있다. 돌이켜 생각해 보면 매우 잔인한 인권침해 행위였다.

그 무렵 포니 자동차 한 대의 가격은 웬만한 집값과 맞먹는 수준 이었다. 당시만 해도 자동차는 부유층만이 누릴 수 있는 전유물이었 고, 일상의 편리함을 넘어선 일종의 사치재적 성격을 띤 재화였기 때 문이다. 그렇게 세월이 흘러 어느덧 자동차는 부자인 사람뿐만 아니 라 가난한 사람에게도 이제는 필수품이 되었다. 월세를 살아도 자동 차는 필요한 시대이다. 그런데 아직도 자동차가 사치재로 인식되는 영역이 존재한다.

2023년 공공주택 입주 자격을 보면, 유형에 따라 차이는 있지만 대체로 소득은 도시근로자 월평균 소득의 50~140% 내외여야 한다.

   집, 도시를 말하다

자산 기준은 부동산(건물·토지) 합산 2억 1,550만 원, 자동차 가액은 3,683만 원 이하로 제한된다. 즉 요즘 어린아이를 키우는 아빠들의 드림카인 카니발을 신차로 뽑는다면 공공분양도 공공임대도 들어갈 수가 없다. 아반테 하이브리드가 3,153만 원, 소나타 하이브리드가 3,921만 원, 카니발(깡통)이 3,470만 원이었기 때문이다.

국회의원실 자료를 근거로 임대아파트 단지에 고가의 외제차가 주차되어 있다는 비판 기사를 종종 접한다. 가난한 사람이 비싼 차를 타니 당장 퇴거시켜야 한다는 식의 논리다. 물론 기준을 한참 벗어난 사례도 일부 존재하겠지만, 그런 보도를 대할 때면 마치 일종의 '빈곤 포르노'를 목격하는 듯한 씁쓸함이 밀려온다.

임대아파트 사는 주제에 무슨 수입차이고 외제차냐라고 조롱하는 것 같기 때문이다. 요즘 젊은이들은 취업을 하면 자동차부터 구입하는 경우가 대부분이다. 공공주택에 들어갈 걸 예상해서 그들로 하여금 소형차만 타도록 강요할 필요가 있는지 곰곰이 생각해 보아야 한다.

이미 소득 기준으로 또 자산보유 기준으로 입주자격을 재단했으면 자동차의 입주자격은 대폭 완화하던지 자산보유 기준으로 통합해서 폐지했으면 한다.

공공임대나 공공분양주택 단지에 카니발 신차 정도는 떳떳하게 주차할 수 있도록 입주 자격을 현실화해야 한다. 그러지 못할 바에는 다자녀 가구에 대한 입주 혜택 자체가 무슨 의미가 있겠는가. 아이들을 줄줄이 데리고 대중교통만 이용하라고 설득하기에 오늘의 육아 현실은 너무나 가혹하다.

※ 2025년 하반기 조정되어 자동차 가액 기준을 기존 약 3,700~3,800만 원 선에서 4,500만 원 수준으로 상향했고, 2023년 3월 28일 이후 출생 자녀가 있는 가구는 위 110~120% 완화 비율이 적용되어, 실제로는 5,000만 원에서 최대 5,400만 원대의 차량까지 소유가 가능하도록 문턱이 낮아졌다.

집, 도시를 말하다

'뉴빌리지'사업은 누구를 위한 일인가? 2024.3.26.

　　정부가 노후 저층 주거지에 주차장, 관리사무소, 운동시설 등 아파트 수준의 편의시설 설치를 지원하는 '뉴빌리지' 사업의 시작을 알렸다. 발표 당시만 해도 나는 노후 저층 주거지에 주민들이 절실히 원하는 생활편의시설이 확충되어, 소외된 이들도 아파트 못지않은 편리한 삶을 누리게 되리라 기대했다.

　　재개발처럼 기존 터전을 싹 갈아엎는 방식이 아니라면, 분담금을 감당하지 못해 쫓겨나서 저렴한 주택을 찾아 헤매는 원주민들의 비극도 끝날 줄 알았다. 진정한 의미의 '공간복지'가 실현되는 것으로 믿었던 것이다.

　　그러나 사업의 실체를 들여다보니 기대는 곧 우려로 바뀌었다.

　　'뉴빌리지'는 결국 빌라촌의 소규모 정비사업과 개별 주택 재건축을 편의시설 지원과 연계한 사업이었다. 무분별한 아파트 재개발 대신 다세대·연립주택 신축을 지원한다는 취지지만, 결과적으로 기존 주거지가 보존되지 않는다는 점에서는 차이가 없다. 아파트 수준의 편의시설이 들어선다 한들, 새 집을 지을 분담금이 없는 원주민들에게는 그저 '그림의 떡'일 뿐이다.

　정부는 연간 1조 원, 10년간 총 10조 원에 달하는 도시재생 예산을 재구조화해 이 사업에 투입할 계획이다. 이처럼 막대한 공적자금이 투입되는 사업이라면 지향점이 분명해야 한다.

　낙후된 마을에 꼭 필요한 생활 시설을 정성껏 채워 넣어, 그곳을 지켜온 원주민들이 떠나지 않고 행복하게 살 수 있도록 돕는 '진짜 공간복지'가 되어야 한다. 그것이야말로 우리가 기대하는 진정한 의미의 [뉴:빌리지] 사업일 것이다.

※ 2025년 6월 국민주권정부출범으로 뉴빌리지 사업은 사실상 추진동력 을 상실했다.

집, 도시를 말하다

MZ세대와 자산사다리 2024.5.6.

　1980년대에 대학 시절을 보낸 내 또래들은 졸업과 동시에 마음만 먹으면 어디든 취업할 수 있는 시절을 살았다. 양질의 일자리는 도처에 넘쳐났다. 1997년, 국가적 위기인 'IMF 구제금융 체제'로 접어들었을 때도 우리는 대개 직장생활 10년 차 미만이라 몰아치는 구조조정의 칼날도 다행히 비껴갈 수 있었다.

　또한 200만 호 주택공급 정책과 분당, 일산 등 신도시 개발로 주택시장은 안정되어 있었다. 그러다 2000년대 초에 내집이라도 마련하게 되면 약간의 융자를 통해서 주거지 상향이 가능한 주거사다리가 존재했었다.

　주택 구입 능력을 나타내는 지표인 PIR(소득대비주택가격배율)을 살펴보면 수도권의 주거 환경이 얼마나 악화되었는지 명확히 드러난다. 2006년 5.7배 수준이던 PIR이 2022년에는 9.3배까지 상승했다. 자산가치의 상승 속도가 근로 소득의 증가분을 압도하면서, 주거사다리가 심각하게 훼손되었음을 보여주는 대목이다.

　2008년의 금융위기는 일시적인 자산가치 하락을 가져왔지만 다시 또 회복되어 집 한채만 가지고 있으면 자산 인플레이션 상황에서도 견딜만했다. 그만큼 주택이 자산의 절대비중을 차지하고 있는 우리나라에서는 주택 소유여부가 평범한 가정을 유지함에 있어 자산사다리로서 중요한 역할을 한다.

그러나 MZ세대인 우리 자녀들은 취업시장부터 만만치 않다. 주택을 마련한다는 것은 더욱더 쉽지 않다. 청년, 신혼부부에게 결혼을 강요하고 자녀 출산을 강요하기에는 그만큼 염치가 없다는 뜻이다.

청춘남녀가 만나 가정을 이루고 자녀를 낳게 하기 위해서는 자산으로서의 주택이 필요하다. 임대주택도 중요하고, 건물만 분양도 중요하지만 주택이 자산사다리로서의 역할을 하게 하기 위해서는 온전한 내집마련이 그만큼 중요한 것이다.

지분적립형 주택이 꼭 성공해야 할 이유이기도 하다.

'사는 것이 아니라 사는 곳'과 장기전세주택 2024.5.9.

2007년경 서울시에서 중산층을 겨냥해 최대 40평까지 공급하는 획기적인 장기전세주택인 시프트(SHift)를 시장에 내놓았다. 집을 소유의 대상이 아닌 '거주의 공간'으로 정의한 대대적인 홍보전략은 큰 호응을 얻었고, 대부분 10:1 이상의 청약경쟁률을 보일 만큼 인기가 높았다.

당시 장기전세주택에 대한 관련 법령조차 없었음에도 불구하고 소득 및 자동차 소유 제한 없이(추후에 요건 생김) 무주택 요건만 갖추면 20년간 거주할 수 있었다. 이는 집값 상승과 전세난에 지친 중산층에게 그야말로 주거 불안에서 벗어날 수 있는 절호의 기회이자 혁신적인 주거 대안이었다.

주변 전세 시세의 80%로 입주하고 20년 동안 매년 5%의 인상 범위 내에서 살 수 있으니 전세가격 급등기에 상당히 매력적인 임대주택이 분명했다. '사는 것이 아니라 사는 곳' 즉, 집을 투기 수단으로 보지 말고 거주 수단으로 보라는 좋은 취지였다. 주변에서도 살고 있던 집을 처분하고 장기전세주택에 입주를 한 사람들이 제법 많았다.

어느덧 시간이 흘러 최초 입주 시점으로부터 20년이 가까워지고 있다. 시프트는 중산층을 위한 혁신적인 주거 모델이었으나, 시간이 흐를수록 사업 시행자인 SH공사에는 무거운 짐이 되었다.

세입자의 임대보증금이 회계상 부채로 인식되면서 경영 수지를 악화시키는 결정적 요인으로 작용했기 때문이다. 결국 가중되는 재무 부담을 이기지 못한 SH는 일부 장기전세주택을 리츠(REITs)에 매각하여 유동화하는 고육지책을 선택할 수밖에 없었다.

리츠에 편입된 장기전세주택은 20년이 경과한 시점에서는 매각하여 리츠를 청산할 수밖에 없을 것이고, 리츠에 투자한 금융기관은 그동안의 부동산 가격 상승으로 엄청난 시세차익을 거두게 될 것이다.

하지만 장기전세주택에 입주했던 중산층 무주택자들은 그 사이 주택가격이 많이 올라 졸지에 중산층에서 무주택을 한탄해야 하는 신세가 되었고 20년기한이 다되어 어디로 이사해야 하나 고민하게 될 것이다.

해당 주택의 가격으로만 봐도 입주당시에 비해서 최소 2배 내지 3배가 올랐고, 이로 인한 상대적 박탈감과 노후 걱정을 해야 하는 처지가 되어버렸다.

20년간 편안하게 걱정 없이 장기전세주택에 산 대가치고는 너무 크다. 돌이켜 생각해 보면 공공임대주택 비율이 10%도 되지 않은 우리 현실을 고려할 때 중산층을 위한 공공임대주택을 내놓은 것은 시기상조였다는 생각이 든다. 공공임대주택이 20%가 되어 분양주택의 가격조정자 역할을 하게 되었다면 가능했을지도 모른다.

공공임대주택비율이 10% 안팎임을 고려할 때 당분간은 저소득층을 위한 공공임대주택 공급에 힘을 써야 할 것이고 중산층에게는 부담없이 분양주택을 구입할 수 있도록 하게 함으로써 주택이 자산사다리로서 기능을 하도록 하여 상대적 박탈감이 일지 않도록 해야 할 것이다.

공공이 공급하는 주택은 저소득층에게는 임대주택을 통한 '주거사다리' 역할을, 중산층에게는 합리적인 가격과 분양대금 납부방법을 통한 분양주택으로 '자산사다리' 역할을 할 수 있도록 해야 할 것이다.

주택은 '사는 것(buying)이면서 사는 곳(living)'이어야 한다.

토지임대부 분양주택의 성공조건 2024.5.21.

건물만 건설원가가 2억 원이라는데 3.5억 원에 토지 빼고 건물만 분양한다고 한다. 청약접수자가 2만 명 이상 몰렸다. 사업시행자는 수익률이 무려 75%인 셈이다. 한동안 반값 아파트라고 하다가 최근에는 "건물만 분양"이라고 법에도 없는 명칭을 사용하면서 3기 신도시에 땅 내놓으라고 여전히 주장하고 있는 '짝퉁 토지임대부 분양주택' 이야기이다.

매달 80만 원의 토지임대료를 40년간 납부한다고 가정해 보자 **(감정가 기준이라 인상되겠지만, 불변이라 가정할 때)**. 이 경우 원금만 총 3억 8,400만 원에 달한다. 만약 이 돈을 연이율 2.5%의 적금에 넣었다면, 복리가 아닌 단리로 계산해도 만기시 약 5억 4,700만 원이라는 거금이 된다. 결국 3억 5,000만 원에 건물만 분양받더라도 실제 투입되는 기회비용은 9억 원에 육박하므로, 40년 뒤 집값이 최소 9억 원은 되어야 비로소 본전인 셈이다.

중산층용 장기전세주택이 20년 뒤에 중산층을 무주택 서민으로 전락시키듯이 현재의 짝퉁 토지임대부 분양아파트는 40년 뒤에 감가상각으로 오히려 집값이 하락한다고 하면 유주택 서민으로 전락시킬 것이다.

토지임대부 분양주택의 본래 목적은 공공이 토지를 소유하면서 수분양자가 건물만 저렴한 가격으로 분양받아 갱신계약의 걱정 없이 거주하다가 다시 공공에 환매하면 공공은 다시 또 저렴한 가격으로 서민에게 공급하는 주거사다리로서의 역할을 하게 하는 것이 본래 취지이다.

이때 토지임대료는 조성원가를 기준으로 산정하게 함으로써 토지임대부 주택의 토지임대료는 예금이자율 정도만 인상하게 되고 거의 동결됨으로써 일종의 저렴주택 제공 역할을 하게 하는데 본래 취지가 있는 것이다. 이것을 '진짜 토지임대부 분양주택'이라고 한다.

지금과 같이 사인간 거래가 가능하고 토지임대료를 감정가격 기준으로 산정하게 하여 토지임대료가 갱신계약 때마다 오를 수 있게 하는 것은 토지임대부 주택의 본래 취지에도 맞지 않다.

이는 저소득시민들을 위한 주거사다리 기능도, 청년, 신혼부부들에게 계층상승을 할 수 있는 자산사다리로서의 기능도 하지 못하는 것이다. 만약 사업시행자의 사업타당성 확보 때문이라면 공공분양을 통한 교차보전의 방법을 택해야 할 것이고, 토지임대부 주택은 본래의 취지대로 운영되어야 한다.

그래야 토지임대부 주택이 공공임대주택과는 다른 또 다른 주거사다리로서의 기능을 하게 되는 것이다. 진정한 의미의 토지임대부 분양주택은 2023년 4월 7일 이전의 주택법령 체계로 돌아가야만 한다. 그래야만 본래의 목적대로 성공할 수 있게 된다.

소멸마을과 AIP, AIC 2024.6.21.

1996년 설 명절 연휴가 지나고 고향에서 서울로 돌아와 출근한 이튿날, 갑자기 할머니가 돌아가셨다. 자손들을 서울로 보내고 마을 할머니들과 함께 점당 10원짜리 민화투를 치셨는데, 3번 연속 잃고는 힘들다고 하며 누워계시다 돌아가셨다.

같이 화투를 치셨던 작은 할머니가 오셔서 "한번 잃어 드렸어야 했는데 형님…" 하면서 곡을 하셨던 기억이 있다. 당시 연세가 84세였는데 그 정도면 장수하셨고, 병치레 없이 돌아가셔서 호상이라고 고향집이 떠들석하게 초상을 치른 기억이 있다.

지인의 어머니는 올해 89세인데 아침에 헬스장 가셔서 운동 후 반신목욕, 그리고 초등학교에서 시간당 1만원을 받고 급식봉사를 3시간 하고 오신다는 이야기를 듣고 깜짝 놀랐다. 85세이신 내 어머니에 비해 훨씬 많은 신체적 활동을 하신다는 생각이 들었다.

1996년의 장수개념과 2024년의 장수개념이 다르다. 마찬가지로 2024년과 내가 노인이 될 2040년의 장수개념이 다를 것이다.

2024년 1월 현재 65세 이상 고령인구 비율은 19%인데 전남은 26%, 강원도, 전북, 경북은 24% 정도 된다. 인구 5명중 1명이 노인이고, 2030년 25%, 2040년에는 40%에 달할 것이라고 한다. 초고령 사회가 성큼 다가왔다.

이와 함께 회자되는 용어가 AIP(aging in place)와 AIC(aging in community)이다. AIP는 자신이 익숙한 집이나 지역사회에서 지속적으로 생활하면서 나이 들어가는 것을 의미하는 것으로 핵심은 기존 거주지, 사람, 수요자 중심의 개념이다.

AIC는 기존 거주지에서 계속 거주하는 의미의 AIP보다 확장된 개념으로 특정한 지역이나 도시와 연계한 더 큰 차원의 공동체 속에서 거주하는 개념으로 핵심은 새로운 주거공간에 복합서비스를 제공하고 지역사회로 확대된 개념이다.

우리는 '먼 친척보다 가까운 이웃이 낫다'는 속담처럼 이웃 주민들이 모내기, 추수를 돕고 경조사를 챙기는 등 마을 자체가 공동체인 전통을 가지고 있다. 태어난 집에서 자란 청·장년이 노인이 되어서도 한 마을에 계속 살면서 희로애락을 공유했다. 집이 좀 낡았더라도 함께하는 이웃사촌이 있으면 그만이었다. 마을이라는 공동체가 일종의 AIP, AIC기능을 한 것이다.

그러나 일자리를 찾아 젊은이들이 마을을 떠나고 노인들만 남게 되면서 청년부터 노인까지 어울려 살던 마을은 점점 소멸되어 가고 있다.

요즈음 지방의 소멸도시에 대한 기사들이 종종 나오고 있다. 5년 단위로 2021년 10월 최초 지정된 소멸 시·군·구는 89개이다. 마을이 모여 도시가 되고 도시가 모여 국가가 된다. 소멸 또는 축소도시를 논하기 전에 소멸 또는 축소되는 마을을 살펴보아야 하는 이유이다.

출산율의 감소에 따른 마을 소멸도 심각한 문제이지만 인구 유출로 인한 공동체의 붕괴를 막기 위해서는 AIP, AIC를 고령자의 주거 문제로만 인식하면 안 될 것이다. 또한 인위적인 AIP, AIC 단지를 만들어 노인들을 이주시키는 방식도 바람직하지 않다. 젊은이들도 계속 머무르게 하는 공간복지시설로 상징되는 공공카페, 공공스터디룸 등 편의시설, 노인들이 필요로 하는 프로그램들을 마을이라는 공동체에 수요자 맞춤으로 다양하게 주입하여 더 이상 마을이 축소 또는 소멸되는 현상을 막아야 한다.

수도권에서도 유이하게 인구가 감소되고 있는 지역으로 가평군과 연천군이 있다. 가평군과 연천군이 인구밀도가 1㎢당 75명을 밑돌아 지난 2021년부터 인구감소지역으로 분류됐다.

소멸되는 마을의 문제는 이제 지방뿐만 아니라 수도권에서도 똑같이 고민하여야 할 때가 되었다.

공공임대주택의 면적별 최소 세대원수 제한 2024.7.2.

아무리 의도가 좋은 정책이라 하더라도 시행시 발생할 수 있는 부작용을 고려해 보아야 한다. 그동안 공공임대주택의 입주자격 중 자동차 가액의 문제점에 대해 2년 전부터 기회가 있을 때마다 국토부 민원, 언론, SNS 등을 통해 문제점을 꾸준히 제기했었다.

그런데 얼마 전, SH에서 발표한 장기전세주택 모집공고문을 보면서 미성년 자녀가 있는 경우 자동차의 가액기준을 3,708만 원~4,449만 원까지 탄력적으로 적용하도록 한 점은 그나마 긍정적으로 보였다.

그러나 생각지도 못한 엉뚱한 기준이 새로 생긴 걸 보고 깜짝 놀랐다. 기존엔 공공임대주택의 1인 세대에만 전용면적 40㎡이하 제한 규정이 있었지만 올해 3월 25일 '공공주택 특별법' 시행규칙을 개정하여 세대원수 별로 공급주택의 면적기준을 제한하고 있었다.

이에 따라 영구·국민임대, 행복주택, 장기전세 등 공공임대주택의 면적 기준을 세대원수 △1명 전용 35㎡이하 △2명 전용 25㎡초과~44㎡이하 △3명 전용 35㎡ 초과~50㎡이하 △4명 전용 44㎡초과 등으로 정하고 있었다.

언제 결혼할지도 모르는 1인 세대 청년은 전용 35㎡이하의 원룸

수준 주택에만 입주하여야 하는 것이다. 만약 결혼이라도 하려면 좀 더 넓은 면적의 집이 필요한데 현실을 고려하지 않은 정책이라는 생각이다.

주택 문제는 흔히 '10년 대계'라 부르지만, 지금의 정책은 당장의 현안을 해결하는 데만 급급해 보인다. 한 가정은 출생이나 노부모 부양 등 시간에 따라 규모가 커지기 마련이다.

청년들이 결혼을 망설이는 가장 큰 이유가 주거 문제라는데, 우선 집부터 마련하고 결혼을 꿈꾸려 해도 신혼부부가 선호하는 '방 2개, 20평 이상'의 공간은 아예 선택지조차 없다.

식구가 늘면 큰 집으로 가고, 적으면 작은 집으로 가라는 논리는 말은 그럴듯하지만 청년과 신혼부부의 현실을 전혀 모르는 소리다. 아이를 낳고 가정을 꾸리는 미래 설계는 애초에 고려조차 하지 않은, 그야말로 '희망이 거세된' 정책인 셈이다.

얼마 전 내가 몸담고 있는 GH(경기주택도시공사) 김세용 사장이 한경에 세이에서 언급한, "출생률을 걱정하기에 앞서 청년·신혼부부의 삶에 먼저 공감해야 한다"는 말을 우리는 무겁게 되새겨야 한다.

최근 국토교통부가 공공임대주택의 면적 제한 규정을 재검토하겠다고 나선 것은 그나마 다행스러운 일이다.

아이는 갑자기 생기는 것이 아니다. 자녀를 꿈꿀 수 있는 환경이 먼저 조성되어야 한다. 그런 면에서 세대원 수에 따른 엄격한 면적 제

 집, 도시를 말하다

한은 자동차 가액 기준 만큼이나 현실을 모르는 답답한 정책이다. 이제는 주택을 단순한 수용 공간이 아닌, 삶을 키워나가는 토양으로 바라보는 정책적 전환이 절실하다.

※ 2024년 10월 세대원수별 면적 제한이 폐지되었다.

CLT주택과 토지임대부 주택 2024.11.29.

　　최근 미국과 영국 등에서 저렴 주택 제공뿐만 아니라 지역기업, 식량재배, 공동정원, 정원마을, 기업센터 건립 등의 역할을 하는 것 중에 토지에 대한 민주적 공동체 소유인 CLT(Community Land Trust)방식이 있다.

　　CLT를 직역하면 지역사회토지신탁, 공동체토지신탁 정도로 번역이 된다. 이러한 운동이 번성하게 된 배경에는 지역사회가 소수독과점 개발업체에 의한 저품질 주택공급, 소외된 지역사회, 기후위기 등에 대응하여 회복력 제고에 있어 주도적인 역할을 하고자 함에 있다.

　　당초 CLT운동은 미국에서 '흑인시민권운동시기(1954년~1968년)'에 흑인들의 주거안정을 목적으로 시작되었고, 1990년대에 번성하여 활발하게 진행중이다. 영국을 비롯한 유럽 각국으로는 2000년대에 도입되었다. 이러한 CLT방식은 지금은 다양한 분야에서 찾아볼 수 있지만 주택 문제에 한정해서 우리의 토지임대부와 비슷하지만 다른 면을 살펴보고자 한다.

　　토지임대부 주택과 마찬가지로 토지 소유권과 건물 소유권을 분리하여 주거 비용을 낮추는 방식이라는 점에서는 유사하다. 그러나 운영 방식, 목적, 소유구조 등에서 몇 가지 중요한 차이점이 있다.

첫째, 소유 주체와 임대료 정책이다. CLT는 지역사회의 비영리 조직(공동 신탁)이 토지를 소유하고 관리한다. 이익보다 공동체의 안정을 우선하기에, 주변 지가가 급등해도 임대료를 매우 낮은 고정 이율로 유지할 수 있다. 반면 토지임대부 주택은 국가나 공기업이 소유하며, 임대료 역시 조성 원가나 감정 가격 등 법적 기준에 따라 산정되므로 상대적으로 변동 폭이 크다.

둘째, 주택 가격의 통제 여부다. CLT는 주택 가격 상승을 제한하는 엄격한 규정을 둔다. 집을 팔 때도 시장가 대신 물가나 소득 증가율을 반영한 미리 정해진 공식에 따라 판매해야 한다. 덕분에 시간이 흘러도 저소득층이 입주할 수 있는 '저렴한 가격'이 유지된다. 반면, 현재의 토지임대부 주택은 건물 가격을 시세대로 거래할 수 있어 주택 가격 급등 시 주거권 보장이라는 취지가 무색해질 우려가 있다.

셋째, 운영의 민주성이다. CLT는 주택 소유자와 지역 거주자, 공공 이해관계자가 이사회에 참여해 마을의 운명을 직접 결정한다. 공급자가 일방적으로 관리하는 토지임대부 방식보다 훨씬 공동체 지향적이다.

간단하게 CLT주택과 우리의 토지임대부 주택의 차이점을 검토해 보았다. 결국, 우리나라의 토지임대부 주택이 단순히 저렴한 '반값 아파트'를 넘어 저소득 시민의 주거 안정을 실현하려면, 공동체의 이익을 최우선으로 하는 CLT주택의 운영모델을 참고하는 것은 어떨까 하는 생각이 든다.

※ 위 내용은 영국을 중심으로 공동체 주거 모델을 확산시키고 있는 '지역토지신탁 네트워크(Community Land Trust Network)'의 자료를 토대로 작성하였다.

분양원가 공개로 집값을 잡을 수 있을까? 2025.2.3.

분양원가 공개가 사회적 이슈로 부각되기 시작한 것은 경제정의실천시민연합이라는 시민단체가 1998년 IMF 외환위기 이후 부동산 거품과 건설사의 과도한 이윤이 문제이고, 특히 공공택지에서 공급되는 아파트에 대한 원가를 투명하게 공개하여야 한다고 주장하면서 시작되었다.

최근에는 공공주택뿐만 아니라 민간아파트까지 포함한 분양원가의 전면 공개를 주장하고 있고, 정부와 국회 등을 상대로 주택공급 과정의 투명성을 강화해야 한다고 주장하고 있다. 즉, 분양원가의 공개를 통해 건설사가 적정이윤만을 남겨 분양가가 인하되면 기존 아파트의 가격도 안정될 것이라고 주장하고 있다.

과연 그럴까 하는 의문을 갖게 된다.

2023년말 기준 전국의 주택수는 1,955만 호쯤되고 2023년에 신규로 공급된 주택수는 21만 1천 호쯤 된다. 물론 직전 10년간 연평균 36만 8,000 호임을 고려할 때 2023년도 주택공급 수치가 많지 않다. 연평균 주택공급수가 36만 호라고 하더라도 전국 주택수의 2% 미만의 수가 매년 신규로 공급되는데 2% 주택의 분양원가를 공개한다고 해서 나머지 98%의 주택가격에 영향을 미칠 수 있을지 의문이다. 인과관계를 잘 따져볼 필요가 있다.

분양가 인상은 부동산 투기와 부동산값 폭등의 근본 원인이 아니다. 건설업체가 부당하게 분양가를 끌어올려 폭리를 취하기 때문에 부동산값이 폭등하는 것이 아니라는 말이다. 원인과 결과가 뒤바뀌었다. 투기로 인해 부동산 값이 폭등했기 때문에 건설업체들이 분양가를 끌어 올릴 수 있었고, 어려움 없이 아파트를 분양하면서 폭리를 취할 수 있었다는 것이 진실이다(전강수, 토지의 경제학, p259).

건설업체가 아무리 힘이 세고 수완이 좋다고 해도, 또 정부가 아무리 강력한 정책을 펼친다고 해도, 시장에 존재하는 수요와 공급의 힘을 벗어나서 가격을 마음대로 좌우할 수는 없다. 수요와 공급의 변화가 원인이고 가격의 변화는 결과일 뿐이다. 단기간에 주택수요가 늘어나는 것은 실수요에 투기적 가수요가 가세하기 때문이다.

주택공급은 가격의 변화에 둔감하고 단기간에 크게 변동하지 않는다. 따라서 주택공급에 비해 주택 수요가 갑자기 많아지는 현상은 공급이 아니라 수요, 특히 투기적 가수요에서 원인을 찾아야 한다. 과잉유동성, 저금리 정책, 투기 방지 장치의 부재 등으로 투기적 가수요가 발생하게 되면 부동산 값 폭등의 진정한 원인이 된다(전강수, 토지의 경제학, p260).

이러한 투기적 가수요가 존재하는 한, 정부가 가격규제정책을 사용하여 분양가를 인위적으로 낮추건, 분양원가 공개를 하건, 투기는 사라지지 않게 될 것이고 부동산 값의 폭등은 막을 수 없게 된다. 사실 가격과 씨름하는 것은 전형적으로 선동가들이 취하는 방법이다. 이들은 진정으로 문제를 해결하는 것보다는 사람들의 시선을 끌고 인기를 모으는 데만 관심이 있기 때문에, 즉각적인 효과가 있는 것처럼 보이는 대안을 선정적으로 외치는 경향이 있다. 분양원가 공개운동을 벌이면서 GH, LH, SH, 건설사 등이 부동산값을 폭등시킨 주범으로 인식되게 함으로써 국민들의 분노를 이들에게 전가하게 된다(**전강수, 토지의 경제학, p261 참조**).

그러나 몇 년간 SH에서 지난 20년 가까운 기간 사업지구의 분양원가를 공개했다고 해서 기존의 부동산 시장을 안정시켰다는 증거는 없다. 현 정부(**윤석열 정부**)들어 신생아 특례대출, 부동산규제 지역 해제, 재건축 및 재개발 규제 완화 등의 실수요 부양 정책을 시행했음에도 부동산 가격이 침체되었다고 보는 것은 투기적 가수요가 붙지 않았기 때문이라고 설명하는 것이 옳을 듯하다.

분양원가 공개는 5천만 국민에 대한 투명한 정보제공이라면 몰라도 부동산 값 안정 수단으로 사용될 수는 없다. 2025년도 집값이 어떻게 될 지에 대하여 부동산전문가라고 하는 분들의 전망이 많은데 '투기적 가수요'가 어떻게 움직이는지 살펴보면 되지 않을까?

'반값 아파트' 공약空約 2025.2.11

지난 연말 생각지도 못했던 비상계엄으로 탄핵정국이 현재 진행 중이고 어쩌면 다가오는 새봄은 정치의 계절이 될 듯하다. 늘 그렇지만 정치의 계절엔 백가쟁명식의 주장과 선동적인 공약이 남발되기 마련이다. 이번에도 분명히 그런 상황이 벌어질 것이다.

국가데이터처의 2022년 주택소유통계에 따르면, 일반 가구 2,177.4만 가구 중 주택을 소유한 가구는 1,223.3만 가구(56.2%)로 전년 대비 1.4% 증가하였으며, 무주택 가구는 954.1만 가구이다. 무주택인 가구수가 40%를 넘고 있다. 무주택가구가 절반에 가까우니 주택정책이 선거 때마다 중요한 논제가 될 수밖에 없다.

선거의 계절이면 항상 이슈화되는 것이 소위 '반값 아파트' 공약이다. 이는 정치인들이 청년, 신혼부부를 비롯한 무주택 시민들에게 달콤한 사탕으로 선거철만 되면 늘 유혹하는 실현 불가능한 포퓰리즘 공약 중 하나이다.

그동안 '반값 아파트'라고 우겨대던 토지임대부 주택이 건물만 분양하고, 건물값을 제대로 다 받는 '제값 아파트', '반쪽 아파트' 이듯이 반값 아파트라고 주장하는 정책들이 대부분 달콤한 말장난으로 끝나게 된다.

이미 20여 년 전부터 시민단체나 전문가들이 주장해왔지만, 이제는 보수 정치인들도 선호하는 프로그램이 되었다. 반값 아파트는 물량도 물량이지만, 토지임대료를 감안하면 사실상 월세 아파트이고 건물 가치가 없어졌을 때의 대책 등도 문제다. 무엇보다 토지의 대부분이 국공유지여야 가능한데, 이런 국가의 예외적인 프로그램을 한국 사회에 적용하려 한다는 데 문제가 있다**(김수현, 부동산과 정치, p253~254)**.

실현 가능성만 담보된다면야 아파트를 반값에 공급하겠다는 데 반대할 사람은 아무도 없다. 하지만 주택정책은 극히 일부에게만 행운이 돌아가는 '로또'가 되어서는 안 된다. 주택정책은 거주자의 생애주기와 소득 수준에 맞춘 정교한 맞춤형 설계가 핵심이다.

그저 대중의 눈과 귀를 현혹하기 위해 입에 발린 소리로 "반값 아파트를 공급하겠다"고 떠들어대며 정책을 가벼이 다루어서는 안 된다.

흔히 '제4의 권력'이라 불리는 시민단체는 정치인의 공약이 허황되지는 않은지, 실현 가능성은 있는지 등을 철저히 검증하고 감시하는 본연의 역할에 충실해야 한다. 시민단체가 스스로 정치 세력화되어 선동적인 정책을 남발하는 행태는 지양해야 한다.

이젠 합리적이고 실현가능한 주택정책을 계층별, 소득별로 맞춤형으로 공급하는 것이 중요하다. 주택정책을 소득별로는 저소득층에게는 임대주택, 중산층 이상에게는 자가 보유를 유도하는 정책을, 청년, 신혼부부에게는 공공임대주택 또는 장기적으로 자가를 소유할 수 있는 정책을, 중장년에게는 공공 또는 민간분양주택을, 노년에게는 고령자복지주택과 공공형 시니어 타운 등을 제공하는 정책을 수립하여야 한다.

더 이상 반값 아닌 반값 아파트 '몇 십만 호, 몇 백만 호 공급'이라는 선정적이고 선동적인 공약은 하지도 말고 현혹되지도 말아야 한다. 결국 "싸게, 많이, 원하는 모두에게"라는 말은 정치적으로는 매력적인 구호이지만, 현실 정책에서는 실현도 어렵거니와 심각한 왜곡을 야기할 수 있다. 다양한 공급방식, 다양한 수요에 부응하는 공급 노력은 나름대로 효과도 있고 의미도 있다**(김수현, 부동산과 정치, p208).**

하늘에서 떨어지듯 획기적인 방법이 있을 것이라는 환상을 가져서는 안 된다. 우리는 공공택지, 청약제도를 기본틀로 하면서 최대한 실수요자에게 충분히 돌아갈 수 있도록 많은 양을 공급하는 것이 해법이다. 설령 정치인들이 제안하는 프로그램들보다 혜택이 적더라도 그 수익을 더 가난한 사람들의 주거에 사용하는 것이 합당한 접근이다.

저소득층이나 청년층들에게는 작지만 편히 살 수 있는 임대주택이나 장기자금 대출을 알선하는 보완책이 있다. 어렵다고 로또 기대심리를 부추겨 상황을 모면할 수는 없는 법이다**(김수현, 부동산과 정치, p211).**

부동산정책은 기존 시장의 안정에 주안점을 두어야지 매년 2% 불과한 신규공급 물량으로 98%의 기존 주택 시장을 좌지우지하겠다는 오만은 버려야 한다. 기존 주택 시장의 안정을 토대로 신규 주택공급을 어떻게 할 것인지 정하면 된다. 신규 공공주택 유형으로 「공공주택 특별법」에 이미 제도화되어 있는 지분적립형 주택은 무주택 서민들의 소득 수준으로는 자가 매입이 어려운 현실과 최상위 소득계층과의 격차, 부동산 소유 여부에 따른 자산 격차로 인한 노후생활 빈곤 문제 등을 해소할 수 있는 맞춤형 주택 유형이다.

지분적립형 분양주택은 이러한 저소득계층이 분양가의 10%~25%만 최초 부담하여 선 입주하고 20년 동안 살면서 적금을 붓듯이 나머지 지분을 취득하여 온전한 내집을 마련하도록 되어 있다.

5년간 의무 거주하고 10년 후에는 시세대로 전매가 가능하다. 물론 전매한 경우에는 지분비율에 맞게 시세차익을 나누어 갖게 되고 양수인은 온전한 주택을 취득하게 되며 이때 지분적립 관계는 소멸하게 된다.

진보정당이건 보수정당이건 더 이상 '반값 아파트 몇 십만 호' 같은 공약(空約) 말고 지분적립형 주택 몇 만호, 토지임대부 주택 몇 만호, 이익공유형 주택 몇 만호 같은 구체적인 주택유형을 공약(公約)으로 국민의 선택을 받아야 할 것이다.

사라진 반값 아파트 공약空約 2025.5.23.

지금 대한민국은 제21대 대통령선거가 한창 진행 중이다. 표심을 얻기 위한 다양한 정책들이 나오고 있다. 그런데 선거 때만 되면 어김없이 나오던 반값 아파트 공약이 이번 선거에서는 안 보인다. 정말 다행이다.

과거에는 무수히 많은 포퓰리즘 공약이 남발되었는데 이번에는 잘 보이지 않는다. 물론 이번 선거가 정책선거라기보다는 서로 심판하겠다고 하는 진영싸움 선거로 흘러가다 보니 그럴 수도 있겠다 싶다.

한동안 반값 등록금, 반값 아파트, 반값 OO 등 반값 시리즈가 선거 때만 되면 유행한 적이 있었다. 자극적인 단어를 사용해야만 유권자의 시선을 끈다고 생각했는지 모르지만 반값 공약들은 따지고 보면 반값 아닌 경우가 허다했다.

반쪽 아파트를 포장하여 반값 아파트의 전도사처럼 앞장섰던 분도 계셨고, 심지어 정당이 아닌 시민단체가 반값 아파트를 공급해야 한다고 하면서 짝퉁 토지임대부 주택이 반값 아파트인 양 들고 나와 시민들을 헷갈리게 한 적도 있다. 또한 국토부와 서울시, 경기도에 반값 아파트 공급계획을 내라고 요구한 적도 있었다.

반값 주장 중 진짜 반값은 서울시립대에서 반값 등록금을 도입한 것이 유일한 예일 것이다. 그러나 시립대에서의 반값 등록금도 경제적 부담이 덜하다 보니 일부 입학생들은 상위권 대학으로 진학하기 위한 경유지로 사용하는 경우도 있다고 하니 반값 등록금 혜택을 받지 못하는 학생들 입장에서는 허탈한 일이다.

　이번 선거에서 반값이라는 공약이 보이는 것은 김문수 후보의 반값 월세만 보인다. 수도권의 기숙사 수용률이 18%에 불과한 만큼 대학가 인근 원룸촌에 용적률·건폐율 완화, 리모델링 지원 등 인센티브를 제공하는 '반값 월세존'을 지정한다고 한다.
　그러면서 '반값 월세존'을 통해 시장원리가 제대로 작동하면 대학생은 낮은 월세로 혜택을 보고, 원룸주들은 자산을 증식하는 효과를 볼 것이라고 한다. 자유시장경제를 중시하는 정당의 후보가 국가가 대학가 월세 시장까지 개입해서 반값으로 월세를 제공하도록 하겠다는 것인데, 자유시장경제를 몰라도 너무 모르는 주장인 것 같다.

　이재명 후보의 공약은 공공주택은 임대주택이란 고정관념을 깨기 위해 적금을 납입하듯 주택 지분을 차곡차곡 늘려 20~30년 뒤 내 집으로 만드는 '적금 주택**(지분적립형 주택)**'과 '토지임대부 분양주택' 방식을 도입할 것을 검토 중이라고 한다.
　만약 토지임대부 분양주택을 공약으로 채택한다면 수분양자가 맘껏 거주한 후, 공공에 다시 환매하여 저렴 주택으로 재공급하고, 토지임대료는 조성원가를 기준으로 물가상승률 정도만 반영하여 공급하는 '진짜 토지임대부 분양주택'이 공급되길 기대한다**(기본주택 분양형 참고)**.

그리고 주택법령을 개정하여 지금처럼 수분양자가 시세대로 전매하고, 감정가격으로 토지임대료를 산출하는 '짝퉁 토지임대부 분양주택'은 당장 폐기처분했으면 한다.

반값이라는 단어가 주는 달콤한 유혹으로 유권자를 현혹하던 시대는 끝났다. 유권자인 국민이 누구의 도움을 받지 않고도 후보자들의 선거 공약을 분석할 정도로 현명해졌다.

토지거래허가제 말고 주택거래허가제 2025.3.24.

　토지거래허가제는 당초 1970년대 후반 급격한 도시화와 경제성장으로 토지가격이 급등하고 부동산 투기로 실수요자의 토지구매가 어려워지자 1978년 국토이용관리법에 의해 서울, 수도권, 일부 도시지역에 처음으로 적용되었고, 일정 규모 이상의 토지를 거래할 때에는 허가를 받도록 하였다.

　「부동산 거래신고 등에 관한 법률」 제10조에는 국토의 이용 및 관리에 관한 계획의 원활한 수립과 집행, 합리적인 토지 이용 등을 위하여 토지의 투기적인 거래가 성행하거나 지가가 급격히 상승하는 지역과 그러한 우려가 있는 지역에 대하여 5년 이내의 기간을 정하여 토지거래계약에 관한 허가구역으로 지정할 수 있다고 되어 있다.

　이와 같이 토지거래허가구역 지정은 토지의 투기적인 거래를 방지하기 위한 수단이지 주택의 투기적인 거래를 방지하기 위해 둔 제도가 아니라는 뜻이다. 다만 허가대상으로 주거지역의 경우는 60㎡이상인 경우 허가를 받는데, 지정시 기준면적의 10%이상 300%이하의 범위에서 따로 정하여 별도로 공고할 수 있다.

　이번에 지정된 지역의 경우 10%를 적용하니 6㎡이상의 주거지 거래는 모두 허가를 받도록 되어 있다. 대부분의 아파트 대지 지분이 6㎡는 넘게 되어 토지 투기 방지를 위한 수단이 주택 투기 방지 역할을 하게 된다.

허가 받은 토지의 이용의무기간이 주거용지인 경우 2년이니 주택을 취득하면 실거주를 2년간 하게 되고, 이에 따라 전세 끼고 집을 사는 소위 갭투자가 불가능하게 된다.

토지거래허가구역 지정 관련 법조항에는 토지거래에 대한 허가기준, 토지이용의무 등 토지에 관한 내용이 주이고 주택이나 아파트에 대한 내용은 찾기가 쉽지 않다.

일반인들이 토지거래허가구역이 지정되었을때 어떤 의무가 있고 효과가 있는지에 대해서는 관련 법률을 찾기보다는 언론을 통해 받아들이는 정보가 더 빠를 것이다.

'잠삼대청'이라고 해서 4개 동에 규제되었던 토지거래 허가구역을 해제한 후 주택가격이 오르자 한 달만에 호들갑을 떨면서 4개 구 전체의 아파트를 토지거래 허가대상으로 하는 것은 빈대 잡자고 초가삼간 태우는 것과 다를 바 없다.

언제는 토지거래허가제도가 자유거래 원칙을 위배하고 자유시장 경제원칙에 위배된다고 하더니 집값이 좀 오르니 이제는 또 다시 전가의 보도처럼 토지거래허가 카드를 들고 나온 것이다.

우리가 알고 있는 갭투자를 나쁘게만 볼 필요는 없다. 더군다나 자유시장 경제를 중시한다는 이른바 자유민주주의 체제에서는 더욱 그렇다. 소득이 중산층 이상인 청년과 신혼부부들에게는 소자본으로 내집마련을 할 수 있는 수단이 되고, 상급 주거지로 이동할 수 있는

 집, 도시를 말하다

기회를 제공하기도 한다.

언젠가도 언급했지만 소득별, 세대별로 능력에 맞게 저소득계층에게는 공공임대주택, 기회적금주택(경기도형 지분적립형 공공분양주택)을 능력이 되는 중산층 이상에게는 공공 또는 민간분양주택을 수준에 맞게 공급하면 된다.

사실 이번에 지정된 4개의 구에 고가의 아파트만 있는 것이 아니고 저렴한 나홀로 아파트도 있다. 빌라나 단독주택은 포함되지 않았지만 고가의 아파트 때문에 내집이 거래허가 대상이라고 한다면 그들에게는 주거지를 상향이동할 수 있는 기회가 박탈되는 부작용이 있게 되는 것이다.

부동산투기가 바람직한 사회적 현상은 아니지만 그렇다고 해서 '모 아니면 도' 방식으로 냉탕과 온탕을 왔다갔다 하게 된다면 부동산 경기 침체로 경제에도 부정적 영향을 미치게 된다. 뿐만 아니라 지정되지 않은 지역은 풍선효과로 가격이 올라가고 전세물량이 감소하는 부작용이 발생할 것이기 때문이다.

그러지 말고 주택거래허가제를 도입하는 방법은 어떨까 싶다. 예를 들면 주택의 전용면적이 50㎡이상이고, 10억 이상인 주택의 거래에 있어 허가를 받게 한다면 저가의 아파트는 피해를 보는 사람은 없지 않을까 싶다. 물론 허가대상 주택의 면적이나 가격은 시장상황을 고려하여 탄력적으로 운영하면 될 것 같다.

이와 같이 아파트 면적이나 가격을 기준으로 주택거래허가를 하는 방법도 있을 터인데 구태여 토지거래허가로 모든 아파트 단지를 허가대상에 포함시키는 이유를 모르겠다.

시민들의 삶에 규제를 가할 때는 시민들이 납득을 하고 받아들일 수 있는 수준으로 해야지 규제로 인해 불편함이 더 많다고 느껴진다면 이는 잘못된 규제라고 할 것이다.

지분모기지와 지분적립형 주택 2025.5.15.

갈수록 비싸지는 집값, 너무 올라버린 집값에 청년세대는 내집마련을 꿈꾸는 것조차 어려워진 것이 현실이다. 이러한 청년세대들의 내집마련과 자산축적 고민을 덜어주고자 경기도와 GH는 지분적립형 분양주택을 도입하기로 했고, 목돈마련이 쉽지 않은 젊은이들로부터 호응을 얻고 있다.

이러다 보니 '지분'이 들어간 유사 상품이 나타나기 시작했다. 물론 금융위원회가 발표한 대출상품이긴 하지만 지분적립형 주택과는 확연히 다른 문제점들이 있다고 본다.

우선 '지분모기지'는 주택매수시 매수자와 은행, 한국주택금융공사(HF)가 지분을 나눠 공동으로 집을 매입하는 대출상품이다. HF가 일종의 지분투자를 해 소액 자금으로도 내 집을 마련할 수 있게 했다는 점이 핵심이다.

예를 들어 10억 원의 집을 매수자와 HF가 6:4로 매입을 한다고 하면 매수자는 모기지를 최대한 활용한다면 1.8억원으로 10억 원의 집을 살 수 있다는 것이다.

즉, 매수자 6억 원 지분(본인1.8억, 은행4.2억대출), HF 4억 원 지분으로 10억 원의 집을 산다는 것이다. 지분형 모기지는 매수자는 최대 60%

의 지분을 투자하고, 정부는 돈을 빌려준다는 개념이 아니고 많게는 40%까지 지분 투자를 한다는 뜻이다.

향후 매각시 집값이 오른다면 상승한 금액만큼 6:4로 나누면 되지만, 집값이 떨어졌을 때에는 당연히 지분대로 손실을 분담하여야 할 것 같지만 손실은 모두 정부가 감당한다고 한다. 이런 수지맞는 대출 상품이라면 너도나도 '지분모기지' 상품을 이용하여 내집을 마련하고자 할 것이다.

취지는 청년이나 신혼부부 등 적은 비용으로 주택을 마련해 안정적인 주거권을 확보한 다음, 생기는 여웃돈으로 2년마다 지분을 조금씩 늘려 내집을 마련하는 데 있다고 한다.

또한 국민의 주거안정 못지 않게 중요한 정부 목표가 '가계부채관리'인데 지분형 모기지는 '부채'를 '지분투자'로 바꿔놓을 수 있는 정책이기 때문에 지분형 모기지는 정부가 '대출'이 아니라 '지분투자'에 돈을 쓰게 된다.

결과적으로는 집을 사기 위해 은행에서 대출받는 금액이 줄어들게 됨에 따라 정부는 '국민 주거 안정'과 '가계부채 관리'라는 두 가지 목표를 동시에 노릴 수 있다고 한다.

그러나 어떤 정책이던지 그 부작용을 먼저 생각해 봐야 한다. 물론 주택가격의 상한금액이 정해져 있기는 하지만 부동산도 주식투자처럼 지분투자를 정부가 공식적으로 허용하게 됨으로써 투기가 더욱 활성화될 것이다.

과거에 삼성전자 주식 1주가 수백 만 원 할때 액면분할을 통해서 개미들도 쉽게 살 수 있게 했듯이 주택을 액면분할하여 쉽게 투기장으로 유입하는 효과말고는 없어 보인다.

주식을 액면분할 하는 목적을 찾아보았다. 액면분할 전에는 주가가 너무 높아 일반투자자들이 매수하기 어렵지만 분할 후 주가가 낮아지므로 더 많은 투자자들이 쉽게 접근할 수 있다. 자연스레 거래량이 증가하게 되고 투자자 관심과 시장반응을 유도할 수 있고, 이는 수요증가로 이어져 주가상승을 유도하기도 한다고 한다. 즉, 투자하기 좋은 주식이 된다는 뜻이다.

이에 비해 지분적립형 주택은 무주택 서민들의 소득 수준으로는 자가 매입이 어려운 현실과 최상위 소득계층과의 격차, 부동산 소유 여부에 따른 자산 격차로 인한 노후생활 빈곤 문제 등을 해소할 수 있는 맞춤형 주택유형이다.

지분적립형 분양주택은 이러한 저소득계층이 분양가의 10%~25%만 최초 부담하여 먼저 입주하고 20년 동안 살면서 나머지 지분을 취득하여 온전한 내집을 마련하도록 되어 있다. 5년간 의무거주하고 10년 후에는 시세대로 전매가 가능하다.

물론 전매한 경우에는 지분비율에 맞게 시세차익을 나누어 갖게 되고 양수인은 온전한 주택을 취득하게 되며 이때 지분적립 관계는 소멸하게 된다.

　금융위원회는 주택을 투기장화하는 데 골몰하지 말고 주택금융공사(HF)로 하여금 현행법에 법제화되어 있는 지분접립형 주택에 적용될 수 있는 금융기관의 대출보증상품 개발에 나설 수 있도록 고민을 해주길 바란다. 주택의 액면분할이 주식의 액면분할과 다른 것이 뭐가 있을까 생각해 본다.

※ 국민주권정부 출범으로 사실상 폐기되었다.

공급부족과 집값 2025.6.20.

서울 아파트 가격의 흐름을 정권별로 살펴보면 주택정책의 명암이 뚜렷하게 드러난다. 시민단체인 경실련의 분석에 따르면, 노무현 정부 시기 서울 아파트값은 94%라는 기록적인 상승 폭을 보였다. 반면 이명박 정부 체제에서는 13% 하락하며 안정세를 보였고, 박근혜 정부 들어 다시 27% 상승세로 돌아섰다.

이어 문재인 정부에서는 53%에 달하는 가파른 상승을 기록했으며, 윤석열 정부 출범 이후에는 고금리 여파 등으로 보합세를 유지하고 있는 것으로 분석된다.

수치만 놓고 보면 노무현, 문재인 정부시기에 가장 많이 오르다 보니 민주당 정부가 들어서면 집값이 오른다고 시중에 회자되고 있다. 그러면서 진보정부는 부동산에 관한한 무능하다는 프레임을 덮어 씌우려는 움직임도.보이고 있다.

전문가들이라고 하는 분들의 의견을 종합해 보면 최근의 부동산 가격 상승은 금리인하, 7월 시행을 앞두고 있는 스트레스 DSR로 인한 막바지 대출 수요, 토지거래허가제로 인한 풍선효과, 공급부족 등을 원인으로 들고 있다.

다른 원인은 차치하고 '공급부족'이라고 하면서 PF위기로 인한 착공지연, 인·허가물량 감소 등 주로 신규아파트 공급물량 감소를 그 원인으로 두고 있는 경우가 많다. 즉, 신규주택 공급이 부족하면 아파트 가격이 상승한다는 것이다. 그러면서 4기, 5기 신도시 지정 이야기를 꺼낸다. 전혀 틀린 말은 아니지만 신규주택의 공급부족이 기존 주택 시장의 가격을 좌우할 정도로 큰 역할을 할까?

우리나라 총 주택수는 2,200만 호, 전체 가구수는 2,207만 세대이다. 이 중 주택 소유 가구는 1,245만에 불과하며, 나머지 962만 가구(43.6%)는 무주택 상태인 것으로 나타났다.

주택을 소유한 가구 중 2주택 이상을 소유한 가구는 324만 가구이다. 1주택만 소유한 가구수는 1,245만 - 324만 = 921만가구가 된다. 그러면 전체주택수 - (1주택소유가구수 + 2주택이상소유가구수) = 초과 또는 잉여소유주택이 된다. 즉, 2,200만 - (921만 + 324만) = 955만호의 주택은 잉여 주택이다. 주택 수의 약 43%는 투자 또는 투기의 수단으로 이른바 투기적 가수요에 의해 잠겨 있는 셈이다.

우리나라 신규주택의 연평균 공급량이 최근에는 기껏해야 43만 호 정도 된다. 이 물량으로 나머지 2,200만 호의 가격을 통제하기보다는 2주택 이상자가 과잉소유하고 있는 955만 채의 잉여주택이 시장으로 나오도록 유도하는 정책이 훨씬 효과적일 것이다.

2주택 이상 소유하고 있는 324만 가구로 하여금 거주하고 있는 주택 외에는 시장에 내놓게 함으로써 장기적으로 1가구 1주택이 되도록 유도한다면 어떻게 될까?

이를 위해 다주택자에 대한 보유세 인상과 한시적인 양도소득세 감면정책 등으로 다주택자로 하여금 보유세 부담을 회피할 수 있는 퇴로를 열어주어 잉여주택인 955만 채의 주택이 시장에 유통되게 한다면 3기, 4기, 5기 신도시를 개발해서 몇 십만 호를 공급하는 물량보다 훨씬 많은 물량이 공급될 것이다.

물론 이렇게 되면 똘똘한 한 채로 수요가 몰리게 되어 소위 상급지의 집값이 오르고 건설경기가 침체되는 부작용이 있을 수 있지만 그럼에도 불구하고 2주택이상 소유자의 잉여물량을 시장으로 지속적으로 나오게 할 필요가 있다고 본다.

공급부족은 신규주택의 공급부족보다는 기존 잉여주택의 유동화 부족이 더 큰 문제일 지도 모른다.

6.27 대책은 수요억제책일까? 공급억제책일까? 2025.7.2.

지난 6월 27일 정부는 수도권 중심의 '가계부채 관리 강화 방안'을 발표하였다. 주요 요지는 규제지역에서 다주택자는 대출을 받을 수 없고, 1주택자도 6개월 이내 처분을 조건으로 LTV가 50%를 적용하고, 주택담보대출은 최대 6억 원이고 대출을 받은 경우에는 6개월 내에 의무적으로 전입을 해야 해서 실거주 목적인 경우에만 대출을 받도록 하였다.

세입자가 전세자금 대출을 받는 날 해당 주택의 소유권이 바뀌는 조건으로 진행되는 매매방식인 소유권 이전 조건부 전세대출도 금지된다. 이에 따라 전세보증금을 받아 잔금을 치르게 되는 것이 불가능하게 됐다.

보유주택을 담보로 생활비 등 조달목적으로 대출을 받는 경우에는 1주택자에 한하여 1억 원으로 제한되고, 대출만기는 30년 이내로 제한되고, 신용대출도 차주의 연소득 이내로 제한된다. 다만, 중도금 대출은 제외되며 잔금대출로 전환시에는 6억 원 한도를 적용받게 된다. 또한 전금융권의 가계대출**(정책대출 제외)** 총량목표를 7월부터 당초 계획 대비 50% 수준으로 감축해야 한다.

이러한 조치에 따라 신규주택 공급 시장이 본의 아니게 타격을 입게 되었다. 재개발 또는 재건축 등 정비사업이나 주택건설사업의 경우 신규주택에 대한 잔금을 치르게 되는 경우 이주비와 분담금 등을 마련하지 못하여 대출 또는 전세로 잔금을 치르려고 했던 조합원과 당첨자들이 6억 원 대출한도와 전세를 놓지 못해 입주를 하지 못하는 경우가 발생한 것이다.

또한 금융기관이 주택담보 총대출 한도를 50% 수준으로 감액하다 보니 신규주택들에 대한 집단 중도금 대출 여력이 있는 시중은행을 찾기가 쉽지 않다. 수도권에 신규공급한 주택을 분양받은 당첨자들이 중도금 대출 은행을 찾지 못해 계약을 주저하고 있는 상황이 벌어진 것이다.

이러한 현상은 금년 하반기에 정비사업, 주택건설사업 등에 의해 수도권에 신규로 주택을 공급하고자 했던 건설사들이 중도금 대출과 잔금 문제로 인해 분양시기를 재조정해야만 되는 문제가 발생할 것이다. 수요억제 정책이 공급억제 정책으로 둔갑하게 되는 것이다.

문재인 정부의 부동산 대책은 언론사나 자료마다 조금씩 차이가 있지만 28회 정도 있었다. 이 중 대부분의 대책이 세금 인상, 대출 규제 강화 등 수요억제책이었다.

문재인 정부는 임기 말 2.4 대책과 3기신도시 지정 등 공급대책도 있었지만, 투기 수요가 집값을 왜곡한다고 판단하여 주로 수요 억제에 중점을 둔 정책을 펼쳤다.

이 대책들은 주로 투기과열지구 및 조정대상지역 확대, 주택담보대출비율(LTV) 및 소득대비부채비율(DTI) 강화, 다주택자 양도소득세 및 종합부동산세 중과, 분양권 전매 제한 강화 등을 포함했었다. 그러나 결과적으로 집값을 안정시키지는 못했다.

이러한 수요억제책은 동네 오락실에 있는 두더지 게임처럼 때리면 옆에서 다시 튀어 올라오는 풍선효과로 이어지게 된다. 온라인 카페, 유투브 등에는 자칭 타칭 전문가들로 넘쳐난다. 이번 대책으로 벌써 노도강이 들썩이고 10억 미만 아파트들에 대한 수요가 증가한다는 기사들이 보인다.

수요는 억제하면서 주택이 매매시장에 나올 수밖에 없게끔 하는 공급신호를 주었으면 어땠을까 싶다. 잔금 전세조건부매매 제한과 금융권에 가해진 가계대출 총량 제한을 신규주택에 한해서는 예외로 하여 건설사들로 하여금 망설이지 않게 하고, 양도소득세를 잔금 기준으로 1년 동안 한시적으로 완화하여 다주택자들이 집을 내놓게 유도하는 정책을 냈다면 어땠을까 싶다.

신규주택 공급에 대한 제한은 가능한 풀고, 기존 잉여주택 955만 채 중 일부라도 매매시장에 유통되게 하면 주택이 부족하다는 인식은 줄어들 듯하다. 그리고 무주택가구 962만 세대에 대해서는 소득계층별 연령별 임대주택 또는 지분적립형 분양주택 등의 저렴한 공공주택을 제공할 준비도 해야 한다.

적금주택 바로알기 2025.7.16.

　이재명 정부에서 공공주택 공급 일환으로 '적금주택'을 공급한다고 하자 각 언론에서 분석기사가 쏟아지고 있다. 그러나 적금주택의 내용을 정확히 알지 못한 기사들이 있어 바로 잡고자 한다. 지분적립 분양주택(이하, '적금주택')은 무주택 서민들의 소득 수준으로는 자가 매입이 어려운 현실과 최상위 소득계층과의 격차, 부동산 소유 여부에 따른 자산 격차로 인한 노후생활 빈곤 문제 등을 해소할 수 있는 맞춤형 주택 유형이다.

　적금주택은 이러한 저소득계층이 분양가의 10%~25%만 최초 부담하여 선 입주하고 20년 동안 살면서 나머지 지분을 취득하여 온전한 내집을 마련하도록 되어있다. 예를 들어 분양가격이 6.3억 원이고 최초 입주시 25%의 지분인 1.58억 원을 내야 한다면, 10%인 0.63억 원의 본인 부담과 15%인 0.95억 원은 주택담보대출로 조달하게 하고 나머지 지분도 회차별로 주택담보대출을 일으켜 납부할 수 있도록 대출상품을 설계 중이다.

　즉, 초기 자금 0.63억 원으로 입주할 수 있게 된다. 5년간 의무거주하고 10년 후에는 시세대로 전매가 가능하다. 물론 전매한 경우에는 지분비율에 맞게 시세차익을 나누어 갖게 되고 양수인은 온전한 주택을 취득하게 되며 이때 지분적립 관계는 소멸하게 된다.

이에 비해 '지분모기지'는 주택매수시 매수자와 은행, 한국주택금융공사(HF)가 지분을 나눠 공동으로 집을 매입하는 대출상품이다. HF가 일종의 지분투자를 해 소액 자금으로도 내 집을 마련할 수 있게 했다는 점이 핵심이다.

예를 들어 10억 원의 집을 매수자와 HF가 6:4로 매입을 할 경우 매수자가 모기지를 최대한 활용한다면 1.8억 원으로 10억 원의 집을 살 수 있다는 것이다. 즉, 매수자 6억 원 지분(본인1.8억, 은행4.2억 대출), HF 4억원 지분으로 10억원의 집을 산다는 것이다.

지분형 모기지의 경우 매수자는 최대 60%의 지분을 투자하고, 정부는 돈을 빌려준다는 개념이 아니고 많게는 40%까지 지분 투자를 한다는 뜻이다. 향후 매각시 집값이 오른다면 상승한 금액만큼 6:4로 나누면 되지만, 집값이 떨어졌을 때에는 당연히 지분대로 손실을 분담하여야 할 것 같지만 손실은 모두 정부가 감당한다고 한다.

이때 정부가 가계부채를 짊어지게 되는 것이다. 이런 수지맞는 대출 상품이라면 너도나도 '지분모기지'상품을 이용하여 내집을 마련하고자 할 것이다. 기존 주택시장을 투기장화할 것이다.

이와 같이 적금주택과 지분모기지가 엄연히 다름에 불구하고, 혼동을 하고 있는 것 같아 바로 잡고자 한다.

첫재, 공공의 막대한 재정부담이 불가피하다고 주장한다. 그렇지 않다. 입주자가 20~30년에 걸쳐 남은 지분을 공공이 떠안고 임대료를 받지만 시세의 80%로 제한되기 때문에 부담을 피할 수 없다고 한다. 일정 부분 부담은 있을 수 있으나 공공의 역할이며, 10년 후 전매를 하는 물량이 발생할 경우 시세대로 매각을 하고 지분율대로 나누어 갖게 되어 있어 장기적으로는 오히려 수익구조가 개선된다.

둘째, 일각에서는 집값을 자극할 수 있다는 우려가 있고, 윤석열 정부가 임기 말에 추진한 지분형주택금융과 다를 바 없고, 정책기금을 시장에 풀어 집값 부양 효과로 이어지고, 정부와 수요자가 함께 지분을 구입하는 방식으로 저금리 담보대출과 다를 것이 없다고 주장한다. 지분모기지와 적금주택을 혼동했다.

적금주택에는 정책자금이 들어오는 것이 아니고 일반 금융기관에 의한 주택담보대출 상품만 있을 뿐이며, 5년 실거주의무와 10년 후 전매가 가능한 것으로 지분모기지와 달리 주택쪼개기 상품이 아니다. 지분모기지는 주식액면분할과 같은 역할을 하므로 주택가격 상승의 우려가 있다.

셋째, 적금주택은 기본적으로 가계부채를 정부부채로 바꾸는 것으로 공공의 재정이 투입된다면 저소득 계층도 부담 가능한 주택이 되도록 정책대상을 명확히 해야 한다고 주장한다.

그렇지 않다. 가계 부채를 정부 부채로 바꾸는 것은 지분형모기지이다. 분양가가 6.3억 원이라면 은행의 주택담보대출을 이용하여 초기자금이 0.63억 원이면 입주할 수 있도록 설계 중이다. 즉 자금이 부족한 청년과 신혼부부, 저소득 계층이 입주할 수 있는 적정한 공공 분양주택(affordable house)이다.

이재명 정부에서 도입하기로 한 적금주택이 토지와 건물 모두를 소유하게 되는 온전한 자가주택으로서 청년·신혼부부를 위한 자산복지 수단으로 적극 활용되길 기대한다.

토지임대부 분양주택 바로알기 2025.7.8.

    언젠가 오세훈 서울시장과 토지임대부 주택을 '반값 아파트'라고 열심히 홍보하던 공기업 사장님이 싱가포르를 방문하고 아파트 단지를 내려다 보고 있는 사진을 언론에서 본 적이 있다.

    토지임대부 주택에 진심임을 보여주기 위해 토지임대부 주택의 선진국이라 할 수 있는 싱가포르를 방문하는 퍼포먼스를 했던 것 같다. 싱가포르는 면적이 서울의 1.2배이고 인구가 600만 명 정도 되는 도시국가로 면적이 작고 인구밀도가 높다 보니 1960년 독립 이후 주거 안정을 위해 HDB(Housing & Development Board, 주택개발청)를 설치하여 모든 국민에게 양질의 주택을 공급하고자 하고 있다. 싱가포르는 토지임대부 주택이 주된 주택 유형이 될 수밖에 없는 근본적인 원인들이 있다.

    잘 알다시피 국토의 90%가 국유지이다. 그러니 집을 짓더라도 국가의 땅에 지을 수밖에 없다. 자연스럽게 토지를 임차하여 주택을 짓게 되었고, 태생적으로 토지임대부 주택이 전통적인 공공주택 유형이 될 수밖에 없었던 것이다.

    HDB에서는 1999년 토지임대부 주택을 공급하여 국민의 80%에게 주택을 공급하였고, 그 중 90%가 주택소유자이다. HDB주택은 분양가에 99년 동안의 토지임대료가 포함되어 있어 매월 토지임대료를 납부하지 않는다. 또한 HDB주택을 매매하고자 한다면 99년에서 남아 있는 잔여기간을 매수인은 승계하게 되며, 잔여기간이 짧을수록 주택가격은 싸지게 된다.

매매 또는 임차시에는 HDB의 승인을 받아야 하고, 매매가격은 HDB가 거래가격을 결정하게 된다. HDB주택은 1주택만 소유해야 하며 평생 두 번만 분양을 받을 수 있도록 설계되어 있다.

이와 같이 싱가포르에서의 토지임대부 주택은 국토의 90%가 국유지인 상황에서 나오게 된 필연적 결과물이다. 매매시에도 HDB가 가격을 결정하게 되므로 시장에서의 주택가격을 합리적으로 조정할 수 있어 주택 시장의 가격 안정을 꾀할 수 있게 된다. 즉, 싱가포르는 HDB에 의한 가격통제 수단이 있는 것이다. 싱가포르에서의 토지임대부 주택은 국민들의 생활에 체화되어 있는 주택정책으로 정착되게 된 것이다.

이에 비해 한국은 국공유지가 25%이다. 그나마 대부분이 임야이며 대지로 활용될 수 있는 토지는 1% 미만에 불과하다. 대부분의 국토, 특히 주택을 지을 수 있는 땅인 대지는 사유지이므로 단독주택이건 연립이건 아파트이건 건물에 대지가 부합되어 있는 주택이 체화되어 있다.

이러한 주택 유형 중 특히 아파트는 수십 년 동안 물가상승률 이상으로 상승해왔고, 당연히 대지지분이 포함되어 있는 아파트를 분양받아 왔다. 오래된 아파트의 경우에 건물의 가치보다는 대지지분이 가지고 있는 가치로 인하여 고가로 형성되고 있는 것이다. 이와같이 우리나라에서는 토지와 건물이 부합된 온전한 주택이 생활에 체화되어 있다.

그러면 우리나라의 토지임대부 주택을 살펴보자. 당초 주택법에서 규정한 토지임대부 주택은 살고 싶을 때까지 살고 공공에 다시 환매하여야 했고, 토지임대료는 매월 조성원가를 기준으로 산정하게 되어 있었다. 환매를 받은 공공은 다시 저렴주택으로 저소득계층에게 공급하고, 오르지 않은 조성원가를 기준으로 한 토지임대료를 납부하여 주거의 안정성을 기하도록 했었다.

그러던 차에 시민단체에서 건물만 분양하는 토지임대부 주택을 반값 아파트라고 들고나오면서 소비자인 국민들로 하여금 이에 대한 환상을 심어주게 되었고, 해당 시민단체 출신의 공기업 사장님은 시도 때도 없이 토지임대부주택만이 반값아파트인 것처럼 언론 인터뷰뿐만 아니라 SNS 등에 도배를 하면서 토지임대부주택의 전도사가 되었다.

당시 시민단체는 권력을 감시하는 기구라기보다는 분양원가 공개, 토지임대부주택 등 설익은 정책들을 주장하는 정당에 가까운 단체라고 할 수 있었다. 분양원가를 공개하고 반값아파트를 공급하면 부동산시장을 안정시킬 수 있다고 주장했었으나, 이의 문제점들에 대해서는 이미 언급했다.

그러면서 주택법령을 개정하여 제3자에게 팔 수 있도록 하였고(주택법 64조 1항, 2024.6.18), 토지임대료를 감정가격으로까지 산출할 수 있도록 함으로써(주택법시행령 81조 2항, 2023.4.7) 조성원가를 기준으로 하여 영원히 토지임대료를 동결시킬 수 있었던 기회를 놓치고 말았다. 해당 시민단체 출신의 사장님이 주장하던 토지의 공공성도 건물의 공공성도 확보하지 못하는 정체불명의 짝퉁 토지임대부아파트를 탄생시키게 된 것이다.

토지임대료가 분양가에 포함되어 있는 싱가포르와 달리 매월 토지임대료를 납부하게 되는 또다른 개념의 임대아파트를 탄생시켰다. 또한 분양아파트이기 때문에 취득세, 재산세 등 각종 세금은 부담하고, 시간이 흐름에 따라 건물의 감가상각으로 상대적으로 집값은 오르지 않아 수분양자가 자산축적사다리 기회도 갖지 못하게 되었다.

심지어 세금의 부담이 없는 장기전세보다도 입주민 입장에서는 더 좋은 걸 발견할 수 없게 되었다. 부동산 가격이 상승하는 경우 토지임대부나 장기전세나 20년후 입주민들은 벼락거지가 되기 십상이었다.

고덕강일 3단지 사전예약을 두 차례에 걸쳐 진행하여 1차는 2022년 12월 30일 공고되어 토지임대료를 조성원가를 기준으로 공급하게 되어, 59㎡의 분양가를 3억 5,500만 원, 토지임대료를 월 40만 원으로 예약을 받았고, 2차 사전예약은 2023년 6월 16일 공고되어 토

집, 도시를 말하다

지임대료를 감정가격까지 받을 수 있도록 되어 있어, 49㎡ 기준 분양가를 3억 1,400만 원, 토지임대료를 월 35만 원에 예약을 받았다.

2026년 지방선거 후에 본 청약을 한다고 하는데 예약받은 대로 단지의 평당분양가와 토지임대료가 적용된다면 사전예약을 받은 시점에 따라 달라지는 웃지 못할 촌극이 벌어지게 되는 것이다. 물론 모든 분양공고는 본청약을 기준으로 하게 되니 그럴 일은 없겠지만 과연 약속한 금액에 본청약을 할 수 있을지 지켜봐야 할 일이다.

이와같이 싱가포르와 우리의 주택에 대한 소유권 생활양식이 다름에도 불구하고, 아직도 짝퉁 토지임대부 주택을 반값 아파트라고 주장하면서 공급해야 한다고 한다. 우리의 부동산을 대하는 생활양식을 고려할 때 분양아파트의 전형으로 맞는지 생각해봐야 한다.

새로운 공공주택 유형을 만들어낼 때에는 그 나라 국민들의 전통적 생활양식을 존중해야 하며, 아무리 좋은 정책이라도 그 사회에 수용되기 어렵다면 바람직한 정책이 아니다.

"기본임대주택"은 어떨까? ^{2025.8.7.}

국정기획위원회에 가서 GH가 추진하고 있는 새로운 유형의 공공주택 사업들에 대해서 설명할 수 있는 기회가 있었다. 그동안 GH가 역점적으로 추진하고 있는 지분적립 분양주택과 이재명 대통령이 경기지사 시절 추진했던 기본주택 등이 주요 내용이었다.

우리나라는 전체 2,207만 가구 중 44%인 962만 가구가 무주택 가구이다. 거의 두 집중 한 집꼴로 집이 없는 셈이다. 대부분의 무주택 가구는 민간 영역의 전·월세에 거주하고 있고, 8%만이 공공이 제공하는 임대주택에 거주하고 있다.

2020년 무주택 가구를 대상으로 주거실태조사를 한 결과를 보면 월세 거주자의 68%, 전세 거주자의 54%가 임대주택에 입주하기를 희망한다. 공공임대주택에 입주하고 싶어도 하지 못하는 주된 이유는 무주택 자격 외에 극심한 경쟁률, 소득, 자산, 자동차 등 까다로운 입주자격, 부족한 공급량, 복잡한 신청 절차 등이 주된 이유이다.

공공에서 제공하는 공공임대 및 공공 분양주택은 무주택기간이 길고, 청약저축 가입기간이 길고, 소득이 낮을수록 입주에 유리하다. 무주택기간도 미혼인 경우 31세부터 기산하다 보니 청년과 신혼부부의 경우에는 상대적으로 불리하다. 잘 되던 사업이 부도가 나서 살고 있던 집이 경매로 넘어간 불가피한 사정으로 무주택기간이 짧아진 이들도 공공주택에 입주 순위에서 밀려나 공공이 제공하는 주거복지 서비스를 제공받는데 제한적인 경우가 있다.

이러한 문제점들을 극복하고자 나온 개념이 기본주택으로 이재명 경기도지사 시절 나온 기본주택은 임대형와 분양형으로 무주택자이 기만 하면 장기임대주택과 공공분양주택을 공급하고자 하는 다소 획기적인 정책이었다.

장기임대주택은 적정임대료로 30년 이상 거주할 수 있도록 하고, 분양주택은 토지임대부 방식으로 공급하되 건물만 분양하고 토지는 공공이 소유하는 형태로 되어 있지만 주택매매시에는 사업시행자에게 환매를 의무화하도록 하였다.

사실상 평생 거주할 수 있도록 함으로써 토지임대부 주택이 시장에 유통되지 못하게 함으로써 가격이 저렴한 공공분양주택을 재공급할 수 있도록 한 주택정책이었다

하지만 기본주택을 추진하기 위해서는 무주택 자격을 제외하고는 기존 공공주택 입주자격 등을 대거 손을 보아야하기 때문에 관련된 법령이 개정되어야만 가능했다. 그렇치 않아도 공공주택 공급 담당 자도 알 수 없을 만큼 복잡하게 얽혀있는 유형의 기존 주택공급절차, 공급방식, 입주자격 등을 바꾸기가 쉽지 않았는지 결국 입법의 문턱을 넘지 못했었다.

기본주택 분양형의 경우 현실적으로 토지와 건물 모두를 소유하

는 것이 사회적 통념이고, 토지의 90% 이상이 국유지인 중국, 베트남, 싱가포르와 달리 토지임대부 주택이 우리 국민 정서상 수용되기가 쉽지 않은 문제가 있다.

따라서 기본주택의 분양형보다는 임대형에 관심을 가질 필요가 있다. 기본주택 임대형(가칭 '기본임대주택')은 청약저축 가입여부, 수급권자 여부, 소득, 자동차 조건 등 복잡한 입주자격으로 인해 공공이 제공하는 임대주택에 입주할 수 없는 무주택자들에게 보편적 주거서비스의 일환으로 제공하고자 하는 임대주택이다.

이의 전제조건으로는 현행 「공공주택 특별법 시행령」에 공공임대주택의 유형으로 '기본임대주택'을 신설하고 입법화 과정에서 가장 문제가 되었던 공급방법에 대해서는 경기도, 서울특별시 등 광역단위 지역제한과 '추첨'의 방법으로 공급하게 되면 쉽게 문제가 해결될 것이다.

기본임대주택과 적금주택을 새로운 공공주택으로 공급한다고 해도 기존의 공공임대와 공공분양은 종전처럼 존재하게 되니 기존 주택에 맞추어 자격을 쌓아온 무주택자들은 걱정하지 않아도 된다.

모든 사람들이 평등하게 주택을 가질 수는 없지만 공공이 제공하는 공공임대는 무주택자라면 누구나 쉽게 보편적 주거서비스를 받을 수 있도록 허들을 낮추어야 한다. 그 해답이 '기본임대주택'이 되지 않을까 생각한다.

   집, 도시를 말하다

주택공급과 주택분배 2025.8.14.

주택공급 관련 법령에 따르면 주택의 공급은 건축법 11조에 따른 건축허가를 받은 사업주체가 건설하는 주택**(아파트의 경우 30세대)** 및 복리시설을 분양 및 임대하는 것을 뜻하고, 공급하는 조건·방법 및 절차 등에 관한 사항은 「주택공급에 관한 규칙」에 정하고 있다**(주택법 제54조, 공공주택특별법령상의 공급방법은 논외로 한다)**. 30세대 미만인 경우는 그나마 적용을 받지 않는다.

경제학에서 '공급'은 생산자가 시장에 제공하려는 재화나 서비스의 양을 의미하며, 단순히 생산하는 것뿐만 아니라 판매 의도가 필수적이라고 한다. 우리의 주택공급 개념은 사업주체가 주로 택지개발 및 재개발 등으로 인한 신규주택을 공급하는 경우에 해당한다고 할 수 있다**(물론 기존주택을 취득해서 공급하는 경우도 있다)**.

이에 반해 '분배'란 생산 결과물을 참여자에게 공정하게 나누는 것을 의미한다. 주택을 누구에게 어떤 조건으로 어떤 방법으로 나누어 줄 것인지가 문제인 것이다. 우리는 주택을 청약방법, 추첨방법, 소득, 자산 및 자동차 가액, 공공임대, 공공분양 등 다양한 방식으로 분배를 한다고 하지만 이때의 분배는 공급의 보조적 개념이다.

'주택공급'이 양적 개념이라 한다면 '주택분배'는 질적 개념으로 전자가 주택부족 완화, 가격안정에 주안점을 둔다면 후자는 사회적 형평성이나 주거권을 보장하고자 한다. 그렇다면 우리의 주택은 공평하게 분배되고 있는가? 즉, 공급의 보조적 개념이 아닌 독립적 개념으로써 분배가 역할을 하고 있는가?

신규주택을 분배하는 방법도 있지만 이에 못지않게 기존 주택을 분배하여야 하고, 지금은 기존주택의 분배에 더 관심을 가져야 한다.

우리나라뿐만 아니라 세계적으로 최근 수십 년 동안 주택자산은 다른 유형의 자산에 비해 빠르게 증가했고 국민소득에 비해서는 특히 더 빨리 증가했다. 이와 동시에 심해지는 빈부격차의 원인 및 결과와 그것이 우리 사회에 미치는 영향에 대한 대중적 관심도 점점 커졌다(땅과 집값의 경제학, Josh Ryan-Collins외, 2018, 사이. p241).

최근 수십 년 동안 불평등을 떠받쳐온 소득 대비 자산 비율이 높아지는 원인이 생산성에 있는 것이 아니라 '주거용지의 가치상승'에 있다. 그리고 레버지리 투자와 상속으로 더욱 강화되는 이런 역학관계가 부의 불평등을 악화시키는 것 말고도 생활수준과 지역 불균형에도 영향력을 미치게 된다. 그러면 결국 오늘날 많은 선진국에 존재하는 중요한 경계선이 소득 이아니라 '부동산의 소유여부'라는 결론에 도달하게 된다(땅과 집값의 경제학, Josh Ryan-Collins외, 2018, 사이. p242).

우리만 유독 주택자산의 가격 상승으로 인한 불평등이 문제 되는 것은 아닌 듯하다. 주택자산시장이 상대적으로 높은 비중을 차지하고 있는 이상 어쩔 수 없다. 그렇다 하더라도 불평등 정도를 최소화하도록 노력해야 한다. 2주택 이상 소유하고 있는 324만 가구로 하여금 거주하고 있는 주택외에는 시장에 내놓게 함으로써 장기적으로 1가구 1주택이 되도록 유도해야 한다.

주택시장의 안정은 주택공급 못지 않게 주택분배가 중요하다. 지금 우리는 44%에 달하는 무주택가구가 공평하게 주택을 분배받을 수 있도록 「주택 분배에 관한 규칙」을 제정해야 할 필요가 있을지도 모른다. 공급, 공급, 공급이 아니라 분배, 분배, 분배가 문제다.

적금주택≠할부주택 2025.8.22.

　지분적립형 분양주택(적금주택)을 '할부주택'이라고 잘못 이해하고 있는 것 같아 바로 잡고자 한다. 할부주택(현실적으로 불가능)은 주택을 할부로 구매하는 방식으로, 초기 분양가의 일부를 지불하고, 나머지 금액을 장기간에 걸쳐 분할(매월 또는 매년) 상환하는 형태로 이는 금융상품이며, 마치 신용카드로 냉장고를 할부 결제하는 것과 유사하다. 즉, 주택의 소유권은 처음부터 구매자에게 있다.

　　할부주택 = 소유권100% + (분양대금과 이자를 할부금융으로 매월 또는 매년 값는 개념)

　지분적립주택(적금주택)은 주택의 소유권을 공공과 개인이 나누어 갖는 방식으로 입주 시점에 주택 지분의 일부(10~25%)만 구매하고, 나머지 지분은 거주하면서 4~5년마다 일정 비율로 추가 구매하여 20~30년에 걸쳐 소유권을 100% 확보하는 구조이다. 즉, 주택의 소유권은 초기에는 주택의 지분을 공공과 공유하며, 분할 납부함에 따라 개인의 지분이 늘어난다.

　　적금주택 = 소유권25%(입주) + 소유권 20%(5년) + 소유권 20%(10년) + 소유권 20%(15년) + 소유권 15%(20년) = 소유권 100%

신규주택은 주택담보대출 제한을 풀면 어떨까? _{2025.9.3.}

우리나라의 GDP대비 건설업 비중은 1991년 29.5%로 정점을 찍은후 2024년에는 14.2%로 OECD평균인 11.5%보다 여전히 높은 비율을 차지하고 있다. 일반적으로 은행대출에 의한 신용이 증가하면 기술과 생산성의 향상을 가속화함으로써 경제의 효율성이 증가한다고 가정한다.

그러나 급격한 가계부채 증가와 집값 상승은 금융의 취약성과 경제성장에 부담으로 작용한다. 대부분이 주택담보대출인 가계부문의 신용보다 제조업 기업의 신용과 생산증가 사이에 더욱 강력한 상관관계가 있다는 것이 많은 학문적 연구를 통해 밝혀졌다.

예컨대 1990~2011년까지 46개 경제국가를 대상으로 한 연구에 따르면, 은행의 가계부동산 대출과 경제성장 사이에는 부(-)의 관계(negative relationship)가 있지만 신용의 긍정적인 성장효과는 비금융기업으로 흘러가는 것으로 밝혀졌다(땅과 집값의 경제학, Josh Ryan-Collins외 224p).

주택담보대출 신용은 그것이 거주용 부동산 투자나 주택건설, 소비를 가능하게 해주는 것이 아니라면 경제성장에도 도움이 되지 않는다. 영국과 거의 모든 선진국에서 주택담보대출 신용의 대부분은 '이미 지은 집들'을 여러 가계들이 서로 사고 팔게 하는데 쓰인다. 결국 신용과 돈이 창조되어 기존의 집과 땅으로 흘러들어감에 따라 집값은 오르고 소득 대비 가계부채 비율이 높아지는 결과가 나올 수 밖에 없다. 이것이 전형적인 '집값 거품' 혹은 '부동산 거품'이다(**땅과 집값의 경제학**, Josh Ryan-Collins외 225p).

오늘날 많은 경제학자들은 금융위기 이전 은행이 과도한 부동산 담보대출을 해준 결과 전 세계적으로 부채 수준이 높아져서 소비수요가 억제되고 있고, 그 때문에 금융위기 이전 수준의 성장률로 돌아가지 못하고 있다고 주장한다. 과도한 부동산 관련 부채는 금융위기 이후 세계경제를 괴롭혀온 장기적 침체의 원인으로 보인다(**땅과 집값의 경제학**, Josh Ryan-Collins외 227p).

얼마전 청약접수를 받은 잠실르엘은 1순위의 청약경쟁률이 평균 631.6:1로 특별공급과 일반공급을 합치면 10만 명 이상의 청약자가 몰려 올해 서울에서 가장 높은 청약 경쟁률을 보인 단지 중 하나로 기록되었다.

소위 상급지에 들어가고 싶어하는 사람들이 그만큼 많다는 뜻이다. 분양가상한제 적용으로 주변 시세 대비 10억 원 이상의 시세 차익이 예상된다는 점이 높은 경쟁률의 주요 원인이다. 다만, 후분양 단지로 내년 1월 입주가 예정되어 있어 단기간 내에 계약금과 중도금, 잔금 등 상당한 현금을 마련해야 한다는 점이 부담이다.

지난 6.27부동산 대책으로 현재 수도권 및 규제지역 내 주택을 구

집, 도시를 말하다

입할 때 받을 수 있는 주택담보대출 한도는 최대 6억 원으로 제한되다 보니 주택 가격이 아무리 높아도 6억 원을 초과하여 대출받을 수 없게 되어 있다.

청약저축, 무주택기간 등 당첨에 유리한 모든 조건을 모두 갖추어 놓고도 현금을 동원할 수 없는 경우에는 청약을 하고 싶어도 할 수 없다. 잠실르엘의 전용 74㎡의 분양가가 18.7억 원으로 6억 원의 담보대출을 받는다고 해도 자기 자금이 13억 원 이상을 가지고 있는 현금부자만 청약을 할 수 있었다.

주택담보대출이 기존주택시장으로 흘러가면 문제가 되지만 새로이 건설하는 신규주택시장으로 간다면 건설시장 침체도 해소하고 일정부분 경기부양에도 효과가 있지 않을까 싶다.

획일적인 부동산담보대출 제한은 경기전체의 침체로 다가올 수 있다. 부동산담보대출이 생산적인 영역으로 흘러들어가게만 할 수 있다면 구태여 막을 필요가 없다.

지금 문제가 되고 있는 것은 기존 주택에 대출해주는 경우이다. 6.27대책 이후 주택사업 경기전망지수가 급락해서 주택사업자들이 부동산 시장의 전망을 어둡게 보고 있고, 신규주택 공급이 부족해질 것이라고 우려하고 있다.

주택담보대출이 생산적인 시장으로 흘러들어갈 수 있도록 신규주택시장과 기존주택시장의 대출구조를 차별화하는 방법도 하나의 수단이 될 것이다.

젊은이들이 자금이 좀 부족하더라도 상급지로 이동할 수 있도록 금융기관이 도와주고, GDP에서 여전히 높은 비중을 차지하고 있는 건설시장도 침체되지 않게 관리해야 한다. 신규주택에 대한 부동산 담보 대출이 기존 주택 시장을 불안하게 하지는 않을 것이다. 그러나 신규주택의 공급부족은 기존 주택시 장의 불안요소로 작용할 수 있다.

신규주택에 한해서 6.27대책을 완화하면 어떨까 싶다.

부동산 개발 공기업의 부채 2025.9.9.

지난 9월 7일 정부의 주택공급 확대 방안 대책이 발표되었다. 주요 내용은 공공택지의 LH 직접시행, 비주택용지의 주택용지로 전환, 도심 유휴부지·노후청사 등 활용한 주택건설, 노후공공임대 재건축, 공공도심복합개발 등을 통해 2030년까지 수도권에서 135만 호의 주택을 공급하겠다는 내용이다.

해당 대책이 나오자 일부 경제지와 보수언론에서는 LH공사의 부채가 170조 원인데 사업비를 감당할 수 있겠는지 의문이라는 비판적 보도를 하고 있다. 얘기인 즉슨 LH가 올해와 내년 '영업적자'를 낼 전망이고, 2027년엔 부채가 200조원을 돌파하고 부채비율도 향후 5년간 치솟을 것이라고 한다.

이어서 LH는 토지를 판매한 대금으로 임대주택을 운영하며 발생하는 적자를 메우는 교차보전 회계 방식을 택하고 있는데 공공택지를 매각하지 않고 직접 개발과 임대주택 운영에 힘을 쏟으란 현 정부의 정책이 반영되면 적자와 부채는 더욱 폭증할 것이라고 한다.

그 동안 공공택지를 벌떼 입찰 등을 통해 낙찰받은 후 고분양가로 주택 분양사업을 하던 시행사와 건설업계의 입장을 반영한 기사인 것 같다는 느낌도 든다. 아무튼 그러면서 LH의 향후 부채 전망을 도식화해서 보도했다. 그러나 이는 LH만의 문제가 아니고 모든 부동산 개발공기업의 공통된 문제이다. 컵에 물이 반 정도 들어있다.

이를 두고 누구는 아직도 반 컵이나 남았다고 할 것이고, 어떤 이는 물이 반 컵밖에 남지 않았다고 할 것이다. 이와 같이 반 컵의 물을 어떤 시각으로 보느냐에 따라 그 느낌이 달라진다. 부동산 개발공기업의 부채도 역시 보는 시각에 따라 달라진다.

인터넷 등을 통해 검색이 가능한 데이터만 놓고 부동산 개발공기업 네 곳의 부채비율을 비교했을 때 LH의 부채가 과연 언론에서 그렇게 우려할 정도로 심각한 상황인지 살펴보았다. 다음 표는 인터넷에서 검색한 대표적인 부동산 개발공기업들의 연도별 부채비율이다. 유감스럽게도 한 번도 재무상태가 건전한 적이 없었다.

〈개발공기업 연도별 부채비율(%) 현황 및 전망〉

구분(%)	GH	LH	SH	IH
2017년		306	197	219
2018년		283	188	205
2019년		254	191	246
2020년		220	193	
2021년	130	220	185	
2022년	202	219	185	199
2023년	257	218	179	195
2024년	281	217	211	199
2025년	254	226	226	218
2026년	275	239	240	221
2027년	317	250	260	217
2028년	332	262	250	209
2029년	333	260		

집, 도시를 말하다

　　개발공기업의 부채비율이 상대적으로 높을 수밖에 없는 것은 숙명이다. 그나마 LH는 부채비율을 500%까지 유지할 수 있지만, 동일한 개발업무를 하는 광역지자체 투자 지방공기업은 400%까지이나 그나마 행안부에 의해 대부분 300%이하로 규제를 받고 있고, 3기 신도시에 한해서는 350%까지 공사채를 발행할 수 있도록 되어 있다. 따라서 LH는 아직도 투자여력이 충분하지만 GH 같은 지방공기업은 더 일을 하고 싶어도 할 수 없게 된다.

　　부동산개발공기업은 대부분 다음과 같은 이유로 부채가 생기게 된다. 개발 초기 토지를 취득하는 보상단계에서부터 조성, 건설까지 막대한 자금이 필요하다. 이에 대부분의 개발공기업은 공사채를 발행해서 자금을 조달한다.

　　사업기간이 길다 보니 이 기간동안 발생하는 금융비용이 누적되어 부채가 증가하게 된다. 그리고 부동산 경기 침체로 인해 분양이 원활하게 이루어지지 않으면, 완공된 주택이나 토지 등이 재고자산으로 쌓이게 된다. 이는 현금 흐름을 악화시키고, 부채 상환에 어려움을 초래하여 추가적인 부채를 유발하는 경우도 있다. 즉, 부동산 개발공기업 부채의 특징은 대부분 '정책적 부채'의 성격을 지닌다는 점이다.

　　개발공기업의 부채 문제는 단순히 경영 효율성 차원의 이슈가 아니라, 국민의 주거 안정성이라는 공공적 목표를 달성하기 위한 비용을 부동산 개발공기업이 대신 감당하는 구조적 한계에서 비롯된다.

따라서 개발공기업의 재무 상태를 평가할 때는 일반 기업의 잣대가
아닌, 공공기관의 특수성을 반영한 다각적이고 종합적인 접근이 필
요하다.

2024년 기준 LH의 총부채는 160.1조 원이고 이 중 '비이자 부채'
규모는 97.3조 원으로 전체 부채의 약 60%로 이는 이자가 발생하지
않는 회계상 부채로만 분류된다(alio.go.kr). 주요 항목으로는 임대보증
금, 분양 선수금, 원가충당부채 등이 포함된다.

SH의 경우 2024년 기준 총부채 20조 236억 원 중 '비이자 부채'
가 12조 9,485억 원으로, 전체의 64.7%에 달한다. 만약 LH와 SH의
부채중 '비이자부채'를 빼고 이자부담 부채율을 계산한다면 LH는 약
127%(자본금 49.3조, 2024년 기준)이고, SH의 경우에는 91%(자본금 7.6조, 2024년 기
준)가 된다.

오히려 '비이자부채'에서 발생하는 이자를 개발공기업이 영업외
수익으로 처리하고 있는 것이다. 즉, 경영에 부담이 되는 이자 부담
부채비율이 크지 않아 아직도 투자할 충분한 여력이 남아 있다고 볼
수 있다.

이와 같이 개발공기업의 부채는 일반 회사의 부채와 질적으로 구
분된다. 그렇다고 부채관리를 방만하게 운영하면 문제가 되지만 현
재 일부 언론에서 보도하듯이 부채비율이 너무 커서 민간에게 공공

택지를 매각해서 임대사업 적자(연간 LH 2.5조, SH 4,700억)를 교차 보전해야만 한다는 논리는 성립될 수 없다는 뜻이다.

　LH의 경우 '이자부담부채' 역시 63조 원이라는 막대한 규모로, 특히 3기 신도시와 같은 대규모 정책사업을 위한 차입금 비중이 커 실질적인 재무 부담이 존재한다. LH의 자산 또한 대부분 토지 및 임대자산으로 구성되어 있어 유동성이 낮아 부동산 시장 침체기에는 유동성 악화가 가속화되는 취약성을 드러낸다.

　그럼에도 불구하고 현재의 부채비율 계산 방법으로만 놓고 볼때도 LH는 아직도 부채비율이 500%가 되려면 여유가 있으니 공사채를 발행해서 사업을 추진한 후 3년 정도 뒤에 주택을 분양할 때부터 분양수익을 거두게 되니 공공택지를 직접 개발하는 방식으로 사업을 추진해도 전혀 문제가 없게된다.

　이와같이 LH의 부채에 대한 평가는 보는 시각에 따라 달리 볼 수 있다. 한쪽에서는 LH의 총 부채 규모가 한국전력공사보다 많다는 점을 지적하며, LH를 '부채 공룡'으로 인식하고 재정 건전성 악화를 우려한다. 이 시각은 공공기관의 부채를 시장의 잣대로 평가하는 경향을 반영한다.

　다른 쪽에서는 '비이자부채'의 특성 및 '이자부담부채'의 상당 부분이 저리 장기 차입금이라는 점을 들어 실질적인 부담이 적다고 주장한다. 그러면서 LH가 공기업으로서 정부의 지원을 받고, 법적·제도적 보호 아래 안정적인 경영 활동을 유지할 수 있다고 보는 견해도 있다. 이는 LH가 일반 기업과 달리 정부의 암묵적인 지원을 받는 특수성을 고려한 시각이다.

개발공기업의 부채는 취득한 토지를 상품화하여 팔리지 않는 토지 또는 미분양 주택이 재고자산으로 남겨지는 경우는 있지만 그렇다고 반드시 공공택지를 매각해야만 될 정도의 악성부채는 아니다. 개발공기업은 공공택지를 직접 개발해서 적금주택(지분적립형 주택), 기본임대주택, 기본분양주택(환매조건부 토지임대부)과 기존의 공공분양 및 공공임대 등 다양한 형태의 공공주택을 시장에 내놓아 소비자가 선택할 수 있도록 해야 한다.

공공택지의 직접개발은 LH뿐만 아니라 모든 부동산 개발공기업의 개혁을 위한 시발점이다.

집, 도시를 말하다

도급형 민간참여사업 2025.9.22.

9.7부동산 대책으로 LH가 직접 공공주택사업을 시행한다고 하니 우려 섞인 목소리가 무성하다. 대표적인 것이 LH의 재무상태를 걱정하는 견해와 도급형 민간참여사업 방식으로 바뀌게 되면 건설사의 배만 불려줄 뿐이라는 견해가 대표적이다.

LH의 재무상태를 걱정하는 것은 유명 연예인이 한강변 고급아파트를 대출을 많이 끼고 집을 산 걸 걱정하는 것과 같이 부질없는 짓이고, 여전히 LH의 재무상태는 여유가 있다고 했다.

그렇다면 LH가 직접 토지를 개발하는 '도급형 민간참여사업'으로 사업을 하는 것이 정말로 건설사의 이익만 챙겨주게 되는 지 살펴보자. 현재 수도권 세 곳의 부동산 개발공기업의 사업방식은 같은 듯 다른 사업방식으로 공공주택을 공급하고 있다.

먼저 LH는 민간건설사와 사업별로 각각 지분출자를 하여 특수목적회사인 SPC를 설립하여 사업을 한다. 이 SPC가 사업의 주체로서 모든 것을 책임진다. LH는 주로 토지 현물 출자와 사업 관리를 맡고, 민간 건설사는 자금 조달, 설계, 시공, 분양 등 사업의 실질적인 부분을 담당한다.

사업의 리스크와 이익을 LH와 민간 건설사가 지분율에 따라 공동으로 분담하는 구조로 미분양이 발생하는 경우에는 해당 SPC의 청산이 쉽지 않아 어려움에 처하므로 건설사는 당연히 사업성이 좋은 수도권에 눈독을 들일 수밖에 없다.

이에 비해 SH는 모든 사업을 직접 발주하여 도급을 주는 방식으로 사업을 진행하니 건설사는 처음 정해진 공사비만 받게 되고 미분양 리스크는 모두 SH가 부담하게 된다. SH는 모든 공종에 대하여 자재부터 시공까지 책임을 지게 되므로 공공의 주도하에 민간 건설사를 시공사로 참여시키는 '직접 시행' 모델을 주로 활용한다.

GH는 지금 논의되고 있는 '도급형 민간참여사업 방식'으로 공공주택 건설사업을 진행한다. 민간건설사는 자재, 시공방법 등에 있어 독자적인 방법으로 공사를 시행하며 분양에 따른 수익과 미분양 리스크는 모두 GH가 책임을 진다.

즉. 건설사는 공사비만 가져가게 된다. 건설사가 별도의 폭리를 취하는 구조가 아니고, 폭리가 생겼다면 이는 GH가 가져가게 된다. 물론 공사비 조달 책임은 GH가 지게 되고, 민간건설사는 GH의 감리하에 공종별로 직접 책임하에 자재를 조달하여 공사를 하고 실제 투입된 공사비만 받아가게 된다. 민간 건설사는 공사 진행률에 따라 공사비를 지급받는 구조이므로, 자금 부담이나 사업 실패의 위험에서 벗어날 수 있다.

GH가 사업의 시행자로서 모든 것을 책임지고, 민간은 순수하게 시공만 맡는 방식이다. 이는 GH가 공공성을 우선하여 주택을 공급

집, 도시를 말하다

하고, 민간은 안정적인 공사 물량을 확보하는 데 초점을 맞춘 모델이다. GH가 사업의 '시행자'로서 사업 전체를 주도하고, GH는 공공택지 확보, 사업계획 수립, 인·허가 등 사업 전반을 관리하고 책임진다. 민간 건설사는 GH가 발주하는 주택 건설 공사를 '도급'받아 설계·시공을 담당한다. 민간 건설사는 GH가 제시하는 공사비에 따라 주택을 건설하는 역할만 수행한다.

GH가 참여한 사업지구는 '자연&'이라는 브랜드를 사용하여 '자연&푸르지오'. '자연&힐스테이트'등으로 건설사와 함께 네이밍을 하고 있다. GH는 사업에 필요한 자금은 전적으로 조달하고, 미분양 등 사업 리스크 역시 부담한다. GH가 시행자이므로 분양 또한 GH가 직접 진행하거나 관리한다.

현재의 도급형 민간참여사업 방식으로 GH가 건설사에게 폭리를 취하게 한 적도 없고 향후에도 그렇게 될 일이 없다. 오히려 LH공사의 사업방식이 건설사들로 하여금이 사업성이 있는 곳만 참여하게 하는 동기부여를 할 뿐이다. 즉, 폭리를 취하게 할 여지가 있는 것이다.

결론적으로 LH의 민간참여사업은 공공과 민간이 사업의 이익과 리스크를 공유하는 '공동사업'의 성격이 강한 반면, GH의 도급형은 GH가 사업을 주도하고 민간 건설사는 '시공'만 담당하는 방식이다. 따라서 '도급형 민간참여사업'이 민간 건설사를 부양하는 정책이라는 주장에 대하여 동의할 수 없다.

그러나 국토부에서 발표한 9.7부동산대책에서는 '도급형 민간참여사업'을 도입한다고 하면서도 오류가 있는 부분이 있다. 자금조달을 민간이 하도록 했다. 만약 민간이 자금조달을 하게 한다면 분양가격 등의 산정도 민간이 하게 되고 당연히 가격이 올라갈 수밖에 없다. LH가 재무상태가 안좋다고 하니 자금 조달을 민간에 맡겨놓은 것 같다. 현장 경험 없이 대책을 만들면서 나온 치명적 오류이다. 현장에서는 9.7대책에 대한 회의론이 벌써 일고 있다.

국토부와 함께 주택정책의 두 축을 이루는 LH 사장만이라도 현장 경험이 있는 전문가가 와야할 이유가 있는 것이다.

전세임대가 기본주택이 된다면 2025.9.30.

　우리가 흔히 전세라고 하면 민법상 물권인 전세권과는 다른 채권으로서의 임대차를 의미하고 조선시대에서부터 이어져 오고 있는 우리나라에만 있는 주택 임대차 개념이다. 그동안 전세는 매월 임대료를 내는 월세보다는 임차인에게 유리하다는 인식이 있었고, 전세를 사다리로 해서 목돈을 모아 내집을 마련하는 주거사다리로서의 역할을 수행했다.

　집주인인 임대인에게는 사금융적 성격이 강해 1970년대와 1980년대 초까지의 고금리시기에는 월세보다 보증금 운용수익이 높았고, 받은 보증금을 다른 자산에 대한 투자 수단으로 활용하기도 하였다.
　저금리 시기에는 전세대출이 전세를 계속 유지하게 만들었고, 서민들은 전세를 갭투자를 통한 내집마련 수단으로도 활용하였다.
　이러한 전세의 긍정적인 측면에도 불구하고 최근 전세 사기와 전세금이 갭투자를 통한 집값 상승의 주범으로 인식되면서 지금은 부정적인 측면이 부각되고 있고 일각에서는 전세의 종말을 논하기도 한다.

　민간임대시장의 전세 사기는 '갭투자'의 악용, 부동산 가격의 하락, 신축빌라의 매매가격보다 높은 전세가격, 이중계약 등 여러 원인이 있고, 특히 사회적 경험이 부족한 청년과 신혼부부에게는 치명적이다.

그럼에도 불구하고 전세제도는 여전히 민간 임대주택의 중요한 공급 통로이고, 아직도 서민들은 월세보다 전세를 더 선호하는 경향이 있다. 이러한 전세제도가 공공의 영역으로 편입된 것은 2005년 국토부에 의해 전세임대주택이 공급되었고, 2007년 서울시의 장기 전세주택인 시프트가 그 기원일 것이다.

전세임대는 GH, LH, SH 등 공공주택사업자가 입주자가 원하는 주택의 소유주와 직접 전세 계약을 맺고, 그 주택을 입주자에게 저렴하게 재임대해 주는 방식이다. 따라서 입주자는 주택 소유주와 직접 계약하는 것이 아니라, 공공주택사업자와 임대차 계약을 맺게 된다.

법령상 전세임대주택은 국가나 지방자치단체의 재정이나 주택도시기금의 자금을 지원받아 기존 주택을 임차하여 「국민기초생활 보장법」에 따른 수급자 등 저소득층과 청년 및 신혼부부 등에게 전대(轉貸)하는 공공임대주택(공공주택특별법 시행형 제2조 1항 7호)이라고 정의되어 있다. 입주자격은 무주택자로서 가구당 월평균 소득이 전년도 도시근로자 가구원수별 월평균소득 이하(1인 70%, 2인 60%, 그밖의 경우 50%)의 자격을 갖추어야 한다. 거주기간은 2년이나 요건을 충족하면 재계약을 14회까지 가능하여 최장 30년까지 거주 가능하다.

전세임대주택은 여타 공공임대주택과 달리 본인이 원하는 지역의 민간주택을 활용할 수 있으므로 임차인 입장에서는 직주근접의 주택을 구할 수 있는 등 여러가지 장점이 많이 있다.

그러나 이러한 장점이 있음에도 소득기준과 지원금액 제한 등 까다로운 조건으로 인해 대부분 전세대출을 통해 민간 전세주택을 구하고 있는 경우가 많이 있다.

전세임대는 먼저 살 집을 구하고, GH 등에 신청을 하면 GH가 집주인과 전세계약을 체결하고, 임차인은 다시 GH와 일종의 전전세 계약을 체결하는 구조이다. 이때 전세금은 GH**(주택도시기금)**가 95%를 부담하고, 임차인은 5%만 부담하게 된다. 물론 임차인은 95%의 금액에 대한 이자를 부담하게 된다.

이에 비해 전세대출은 임차인이 집을 구하고, 그 집을 구한 계약서를 들고 은행에 가서 전세보증금 대출을 받아 임대인에게 주게 된다.

따라서 임대인이 문제가 생기면 임차인은 보증금을 돌려 받을 수 없게 된다. 가계대출은 거시경제 관점의 운용과 통화정책과의 연계가 필요한데 이를 위해서도 국토부가 주택도시기금과 같이 DSR이 배제된 정책대출을 과도하게 공급한다거나, 전세대출의 20~30%를 시장에 공급하는 현재와 같은 상황은 바람직하지 않다**(225조원의 질문, 인구감소와 지방소멸 시대_ 주택도시기금의 역할, 백두진, 75p)**.

주택도시기금은 전세임대주택에 연간 4조 원 정도를 사용하는데 반해, 임차인이 빚을 지는 직접 대출방식**(버팀목 대출)**은 연간 약 10조 원을 집행한다. 주택도시기금이 서민들에게 전세자금을 직접 대출하면 가계부채는 그만큼 늘어난다. 반면, 전세임대주택을 공급하면서 전세보증금을 지원하는 경우 가계부채는 증가하지 않는다(백두진, 88p).

현재와 같이 시중의 전세대출 20%정도를 공적자금인 주택도시기금이 직접 공급하는 것은 비정상적이고 효율적이지도 않다. 부작용이 큰 직접 대출을 축소하고 임차인에게 유리한 전세임대주택을 지금보다 더 늘려야 하는 것이다(백두진, 89p).

앞에서 얘기했듯이 우리나라의 잉여주택은 955만 호이다. 이 중 일부만이라도 전세임대로 돌릴수 있다면 공공임대주택의 부족문제를 해결할 수 있을 것이다. 언젠가도 이야기 했지만 주택의 공급보다는 주택의 분배가 더 큰 문제이다.

입주자격을 무주택자이기만 하면 되고 전세임대금액을 현행 수도권 1.3억, 광역시 0.9억, 기타 0.7억인 기준보다 보다 올려 본인부담 비중을 좀 높이고, 전세임대주택을 기본임대주택처럼 활용할 수 있도록 한다면 신규 공공임대주택 공급대책에 골몰할 필요도 없다.

또한 주택도시기금으로 전세임대주택 보증금을 대폭 지원한다면 공공임대주택 20% 시대는 급속히 빨라질지도 모른다. 공공임대주택이 20%가 된다면 임대주택이 주택시장의 가격조정자 역할을 수행할 수 있을 것이다.

이를 통해 자연스럽게 민간의 전세 영역을 공공의 영역으로 편입

    집, 도시를 말하다

하면 전세사기 등의 피해도 예방할 수 있을 것이다.

2025년 9월 19일 서울에서 열린 청년 소통·공감 토크콘서트, 대통령과의 대화에서 45세 이하 청장년층이 분양주택보다는 공공임대주택을 원한다고 대부분 손을 든 걸 기억할 필요가 있다.

그러나 만약 이들이 공공임대에 들어가기 위해서는 일정소득 이하의 소득과 재산, 청약저축, 자동차 소유 자격 등이 필요하다는 것을 알게 되면 대부분 좌절하게 될 것이다.

쌓아온 청약자격이 무용지물이 되지 않도록 기존 청약자격 및 절차는 유지하면서 무주택이면 누구나 청약할 수 있도록 기본주택형 전세임대주택을 도입하는 투트랙의 임대주택 공급 절차를 마련한다면 주택 분배를 통한 주택공급이 이루어질 것이다.

전세임대주택이 '빵공장'의 빵은 아니더라도 '빵창고'의 빵은 될 수 있을 것 같다.

AI가 알려준 부동산대책 2025.10.13.

　요즘 서울 특히 한강벨트를 중심으로 집값이 급등하자 부동산 관련 유튜브 채널과 언론사들이 경쟁하듯 주택 매입을 부추기는 듯한 영상과 글들이 난무하고 있다.

　이른바 전문가라고 하는 사람들이 이 채널, 저 채널에 출연하면서 앵무새처럼 집값이 급등하고 있고, 6.27대책의 약발은 다했고, 9.7 대책은 전혀 먹히지 않다고 하면서 더 쎈 규제가 나오기 전에 얼른 집을 사라고 한다. 물론 영상 초기 화면에 "본영상의 내용은 참고만 하고, 투자로 인한 책임 전적으로 본인에게 있다"라는 문구로 그 책임을 빠져나간다.

　답답한 마음에 AI 몇곳에 질문을 던져 보았다. OECD에서 발간한 《OECD국가들의 주택과세(Housing Taxaton in OECD Countries, 2022)》와 《주택정책 개혁을 위한 의제(An Agenda for Housing Policy Reform, 2024.9)》를 토대로 분석을 의뢰하여 2025년 10월 현재 한국의 집값 상황에 대한 대책을 내놓으라고 하니 다음과 같은 내용으로 답을 했다.

　2025년 10월 현재 시점 기준으로 한국의 집값 상승에 대응하기 위한 방안은 단기적 수요 억제에서 벗어나 중·장기적인 공급 확대를 위한 구조 개혁과 세제 개편을 동시에 추진하는 데 초점을 맞춰야 한

　　　　　　　　　　　　　　　　　　　　　　集, 도시를 말하다

다. OECD 보고서의 내용을 토대로 한 한국의 집값 대응 방안은 다음 세 가지 핵심 축을 중심으로 설명할 수 있다.

첫째, 세제 개혁 : 시장 효율성 확보 및 투기 억제

OECD는 보유세 강화와 거래세 인하를 통한 세금 구조의 근본적인 전환을 권고한다. 현재 한국의 비효율적인 세금 구조를 개편하여 투기 수요를 억제하고 주택 시장의 유동성(잉여주택의 유동화)을 높여야 한다.

- 보유세 현실화 및 강화 : 비효율적인 주택 장기 보유 비용을 증가시켜 잠재적 매물을 유도하고, 보유세의 형평성과 안정적 세수를 확보하기 위하여 공시가격의 시장가치 반영률(현실화률) 제고 및 평가주기 단축 의무화

- 거래세(취득/양도세) 인하 : 주택을 보유한 가구의 이동성(Mobility)을 높여 주택 재고의 시장 순환을 원활하게 하고, '주택 잠김(Lock-in)' 현상을 해소하기 위하여 다주택자 양도소득세 중과 폐지 및 취득세율 완화(1년이내 한시적으로 할 필요가 있다고 생각한다)

- 양도세 혜택 합리화 : 비과세 혜택이 고가 주택 소유자에게 과도하게 집중되는 것을 막기 위해 양도 차익 기준에 한도를 설정하고 자산 불평등을 완화하기 위하여 1세대 1주택 양도소득세 비과세 혜택에 상한선 설정

둘째, 공급구조 개혁 : 지방정부 역할 강화와 규제 완화

집값 급등의 근본 원인인 만성적 공급부족을 해결하기 위해 중앙 정부는 규제 권한을 분산하고 지방정부의 역할을 극대화해야 한다.

- 지방정부의 용도 규제 개혁 : 특히 역세권 등 교통 요충지의 용적률 및 용도 지역 규제를 과감히 완화하도록 중앙정부가 지원하고 인센티브를 제공. 이는 공급 부족을 근본적으로 해소하는 핵심 방안으로 지자체 주도의 도심 내 고밀 개발(Up-zoning) 허용

- 인·허가 절차 간소화 : 민간의 공급이 시장 수요에 신속하게 반응할 수 있도록 행정 절차를 간소화하여 공급의 반응 속도(Responsiveness)를 향상시켜 주택 건설 관련 인허가 기간 단축 및 원스톱 시스템 구축

- 중앙-지방 역할 명확화 : 중앙정부는 거시적 안정에 집중하고, 지역 특성을 반영한 구체적인 공급 계획 수립과 실행은 지방정부에 맡겨 효율성을 높여야 함. 이를 위해 주택공급 실행 권한을 지자체에 이양하고 책임 부여한다.

셋째, 포용적 주거 안정 및 시장 관리
- 집값 급등으로 고통받는 무주택자와 취약 계층을 보호하고, 주택 시장의 건전성을 유지해야 한다.
- 사회주택(공공임대) 공급 효율화 : 공급 투자를 지속하는 한편, 입주 자격을 정기적으로 재심사하여 가장 절실한 취약 계층에게 기회가 돌아가도록 공정성을 높이도록 공공 임대주택 재고 확대 및 배분 시스템 재정비

 집, 도시를 말하다

- 혼합개발 유도 : 임대주택을 특정 지역에만 집중적으로 건설하여 주거지 분리(Segregation) 현상을 심화시키는 것을 막고, 사회적 포용성을 증진하기 위하여 공공 임대주택의 '소셜 믹스(Social Mix)' 의무화

- 금융 안정성 확보 : 주택 투기 목적의 과도한 자금 유입을 차단하고, 주택 금융 시스템이 거시 경제적 안정을 해치지 않도록 철저히 관리하여 가계 대출의 질적 관리 및 건전성 심사 강화

물론 제시한 파일들을 토대로 AI가 정리해주었지만 도심지 고밀개발, 주택정책의 지방이양, 보유세 강화, 1주택자 양도세 면제 혜택 한도 설정, 공공임대주택 공급 확대 및 심사강화, 임대주택의 소셜 믹스 등은 평소 내가 생각하고 있던 내용들이다. 생각보다 훨씬 빨리 AI시대가 내 곁에 와 있다.

* 위 글은 ChatGPT, Gemini, Perplexity를 이용하여 작성했고, 정책의 타당성 여부에 대한 책임은 전적으로 본인과 AI에게 있다.

부동산(집값)대책의 지방정부 이양 2025.10.30

2025년 7월 국가데이터처에서 발표한 자료에 의하면 1인가구가 36.1%(804만), 1~2인가구는 65.1%(1,452만), 65세 이상의 고령자 가구는 32%(714만)이고 전국의 가구수는 2,300만이다. 평균 가구원수는 2.2명으로 1~2인가구와 65세 이상의 고령자 가구가 늘고 있는 현상은 대가족이 함께 살던 과거와는 달리 평균가구의 규모가 축소되는 등 가구적 특성이 많이 분화되어 있다.

그 만큼 주택의 수요 요인도 미시화되었고, 중앙정부의 주택정책과 주택대책이 주택수요 가구에 미세하게 스며들어 효과를 내기에는 한계가 있을 수밖에 없다.

정책(policy)이라고 하면 장기적, 포괄적, 방향성을 가지고 있어 중장기적인 비전과 목표를 기반으로 설계되고, 구체적인 실행방법보다는 목표와 방향을 제시하는데 그 특징이 있고, 대책(measure)이라고 하면 단기적, 즉각적, 구체적, 문제 중심으로 특정 문제나 상황을 해결하기 위해 행하는 즉각적이고 구체적인 실질적인 조치를 의미한다.

사전적 의미로 주택정책은 국가가 장기적으로 계획·수립하는 전체적인 주거 복지, 공급 확대, 시장 안정과 공공성 확보를 목표로 하는 기본 방침을 의미한다. 주택대책은 특정한 시기 또는 지역별로 집값 급등, 미분양, 주거불안 등 주거문제에 대해 단기적으로 집행하는 대응책을 지칭한다.

예를 들어 "정부는 주택건설 5개년 계획을 수립했다"와 "정부는 미분양을 해소하기 위해 취득세 완화 조치를 취했다"라고 하는 경우 전자는 주택정책, 후자는 주택대책이라고 할 것이다.

중앙정부의 주택정책은 국가적 균형과 장기적 자원 배분을 위한 효율성을 목표로 수립되어야 한다. 주택정책은 전국적 균형 발전을 목표로 주택공급 확대, 주거복지, 택지 개발 등 국가 전체의 자원을 동원해서 지역 간 불균형을 해소하고, 수도권 집중을 완화하는 노력을 하게 된다.

주택정책은 5~10년 이상의 신도시건설 등 중장기 계획을 기획재정부, 국토교통부 등 부처 간 협력을 통해 LH 등을 동원해 정책 부작용을 최소화하고, 주택도시기금 등 국가 재정을 통해 서민 주거 안정과 공공주택 공급 확충을 실현하는 역할을 한다.

중앙정부가 취하고 있는 주택대책으로는 국토교통부, 기획재정부, 금융위원회에서 추진하고 있으며 국토교통부는 신규택지개발, 공공주택 공급(이상, 주택정책적 성격과 중복), 투기과열지구와 조정대상지역 지정, 임대차3법을 비롯한 관련법령의 제·개정을 담당하고 있다.

기획재정부는 부동산 보유세 및 거래세율의 조정, 주택공시가격 현실화, 서민과 실수요자를 위한 재정지원방안 마련 등의 일을 담당한다. 금융위원회는 주택담보대출관련 기준 설정, 가계부채관리, 특정대출제한 등을 통해 부동산 시장에 관여하고 있다.

지방정부는 지방정부대로 토지거래허가구역, 투기과열지구를 지정하고, 주택 인허가 속도 조절, 맞춤형 공공임대주택 공급 및 주거지원사업 시행, 부동산 실거래가 현장 조사 및 신고 등의 조치를 통해 주택시장 안정에 기여하고 있다.

중앙정부는 안정적으로 무주택 서민을 위한 공공주택 건설과 주거복지 등 거시적인 주택정책을 장기적인 로드맵을 가지고 시행하고, 주택가격의 시세변동으로 인한 미시적 주택시장 안정대책은 지방정부에 일임하는 방법은 어떨까?

지방정부의 주택시장 안정대책은 지역 특성을 반영한 맞춤형 문제해결과 집값 급등, 전세난, 공급 부족 등 지역별 위기에 즉각 대응할 수 있다. 지방정부(광역 및 기초)는 현지 실정을 잘 알기 때문에 토지거래허가구역 지정, 투기과열지구 지정, 공시가격 검증센터 설치, 지역별 대출 규제 조정 등 세부적인 핀셋 조치를 효과적으로 시행할 수 있다.

이를 위해 광역지방정부에 가칭 "서울특별시부동산정책위원회(상설)" 또는 "경기도부동산정책위원회(상설)"를 설치하여 부동산정책 및 부동산가격 안정에 대응하고 지역맞춤형 주택정책을 설계할 수 있도록 해야 한다.

서울시 부동산정책위원회에서는 25개 자치구로부터 시세변동 자료를 수집하여 좀더 세밀하게 부동산대책을 수립하여 시달할 수 있고, 경기도도 31개 시·군·구로부터 자료를 수집하여 문제가 되는 지역에 한해 맞춤형 대책을 수립하면 된다.

중앙정부가 모든 지역의 주택시장 안정대책을 관장하게 되면 지역 차이를 무시한 획일적 접근으로 실패할 수 있다. 지방정부가 담당하면 공공시설 건설 부담을 지역 주민과 연계해 분담하고, 중앙정부의 역할이 거의 없는 재건축·재개발 규제를 현지 여건에 맞춰 조정할 수 있다.

10.15대책으로 자치구별로 가격차이가 많고 노·도·강은 회복도 되지 않았는데 이번에 투기과열지구 및 토지거래허가구역으로 묶이게 되었다. 오른쪽표는 KB아파트 매매가격지수를 토대로 2022년 1월 10일의 가격을 100이라고 할 때 2025년 10월 20일 현재의 자치구별 매매가격 변화율이다. 서울지역만을 가지고 분석해 보았으나 25개 자치구 중 12개 자치구는 아직도 2022년 1월 10일의 집값을 회복하지 못하고 있다.

자치구	변화율
도봉구	81.56
노원구	83.93
강북구	88.11
금천구	88.91
중랑구	89.21
구로구	90.40
성북구	90.97
관악구	92.33
은평구	93.02
동대문구	93.56
강서구	93.79
서대문구	98.10
종로구	104.25
중구	105.19
동작구	105.44
영등포구	106.91
강동구	111.19
마포구	111.96
양천구	113.43
광진구	115.76
성동구	116.34
서초구	116.47
용산구	116.56
송파구	118.44
강남구	123.26

　그럼에도 불구하고 토지거래허가구역으로 지정됨에 따라 해당지역 주민들의 반발을 살 수밖에 없다. 중앙정부가 부동산대책으로 규제지역을 일괄 지정하다 보니 생긴 부작용이다. 아무리 좋은 부동산대책이라도 공정하지 않다는 인식을 주게 되면 그 부동산대책은 힘을 잃게 된다.

　중앙정부는 무주택 서민의 주거안정과 주거복지를 위한 공공분양 및 공공임대주택을 안정적으로 계속 공급하고 지방정부는 지역 실정에 알맞는 맞춤형 주거대책으로 부응할 때 중앙과 지방의 주택정책이 시너지를 발휘될 수 있게 된다.

　지방정부는 지방정부대로 수요자 맞춤형 임대아파트, 약정형 매입임대를 통한 타깃형 주거복지 구현과 맞춤형 공동체 주택을 만들어 낼 수 있다.

　그러나 최소한 집값 안정대책에 대해서는 중앙정부보다는 지방정부에 더 많은 권한을 이양해야 하는 것이 지방분권화 시대에도 걸맞는 것이라 생각된다. 이러한 역할 분담은 중앙과 지방의 협력을 강화하고, 부동산 시장의 구조적 안정과 지역별 문제 해결을 동시에 달성할 수 있다.

　서울시의 집값은 서울시장이, 경기도의 집값은 경기도지사가 책임져야 한다.

　　　　　　　　　　　　　　　　　　집, 도시를 말하다

인구감소와 지연 효과 2025.11.5.

우리나라의 출생률은 0.75명으로 OECD 국가 중 최저수준이고 현재 89개 시·군·구가 행정안전부로부터 인구감소지역으로 지정(2021.10)되었다. 도시의 인구 감소요인은 여러 가지 이유가 있으나 크게 기존 산업의 쇠퇴로 인한 인구 유출과 출생률이 감소해서 축소도시화하는 경우가 있다.

인구수는 줄어들기 시작했지만, 총 가구수는 오히려 한동안 계속해서 증가하는 현상을 지연효과(lag effect)라고 한다. 이는 인구의 변화가 가구 수의 변화로 즉각 이어지지 않고 시간차를 두고 나타나기 때문이다. 인구수 감소에도 불구하고 가구수가 증가하는 주된 이유는 바로 '가구 분화(household fission)' 현상 때문이다. 기존의 대가족 또는 핵가족 형태가 해체되면서 가구원 수가 적은 새로운 가구로 나뉘어지는 것을 의미한다.

예를 들면 미혼, 비혼, 만혼, 이혼, 사별 등으로 인해 혼자 사는 1인 가구 증가가 그 예이다. 인구수가 먼저 정점을 찍고 감소하기 시작해도, 1인가구 증가 등 가구 분화의 추세가 강하게 지속되기 때문에 총 가구수는 한동안 더 증가하게 된다. 주택의 수요는 인구수보다는 가구수에 영향을 받는다.

주택 시장의 집은 '인구' 단위가 아닌 '가구' 단위로 거주하고 수요가 발생하므로, 가구수가 늘어나는 기간 동안에는 주택 수요가 유지되거나 오히려 증가할 수 있다. 이것이 인구 감소에도 불구하고 주택 시장에 미치는 영향이 지연되는 주요 이유이다.

궁극적으로는 가구 분화가 한계에 다다르고 인구 감소 속도가 가팔라지면, 결국 가구수도 감소세로 전환될 것으로 전망된다. 인구 감소에도 불구하고 가구수가 증가하는 지연효과는 부동산 시장에 매우 복잡하고 중대한 영향을 미친다. 지연효과로 인해 가구수가 증가하는 시기에는 인구수가 줄어도 가구수가 늘어나면, 주택을 필요로 하는 단위가 증가하게 된다.

집은 인구 단위가 아닌 가구 단위로 소비되기 때문에, 단기적으로는 주택에 대한 총 수요가 크게 감소하지 않고 유지되거나 오히려 증가할 수 있게 된다. 이는 인구 감소로 인한 장기적인 집값 하락 압력을 상당 기간 동안 상쇄시키는 요인이 된다.

지금까지는 많은 나라에서 인구 감소에도 불구하고 가구수는 감소하지 않았기 때문에 빈집이나 버려진 집이 과도하게 생겨나지는 않았다. 이같은 지연효과는 인구 감소가 초래할 수 있는 최악의 상황으로부터 상당 지역을 보호하는 역할을 해왔다. 다만 지금까지는 그랬지만 앞으로는 달라질 수 있다는 사실을 유념해야 한다(**축소되는 세계**, Alan Mallach, 2024, 사이, 176p).

하지만 가구수가 느리긴 해도 지속적으로 증가한 덕에 빈집 증가세가 억제됐고, 장기적으로 지속 가능한 수준을 훨씬 넘어설 정도의 과도한 신규 주택 건설을 정당화할 수 있게 됐다. 가구수는 감소가 시작되면 시간이 흘러감에 따라 감소세가 가속화되는 경향이 있기 때문에 미리 변화의 토대를 마련해 놓지 않으면 나중에 빈집 문제를 해결하기가 훨씬 더 어렵고 비용도 많이 든다(**축소되는 세계, Alan Mallach, 2024, 사이, 176p).**

　가구 분화의 핵심인 1인가구와 2인가구의 증가는 주택 시장의 트렌드를 1~2인가구 증가로 인해 전용면적 60㎡이하의 소형주택 수요가 폭발적으로 증가한다. 과거 3~4인 가구 중심의 전용 84㎡의 국민 평형 선호가 약해지고, 소형 아파트와 오피스텔 등의 경쟁률이 높아지게 된다. 특히 청년층, 노년층 등의 1인가구는 상대적으로 소득이 낮거나 불안정하여 자가보다는 임차를 선호하는 경향이 강해진다. 임대차 시장의 규모가 확대되고, 특히 소형 주택의 월세 가격 불안정성이 높아질 수 있다. 직주근접을 중시하는 청년층과 생활 편의성을 중시하는 노년층 1인가구의 영향으로 도심 및 역세권 집중 현상이 심화될 수 있다.

　지역별 양극화가 더욱 심해져, 수도권이나 대도시 도심 지역의 부동산 가치는 견고하게 유지되거나 상승하는 반면, 지방 외곽 지역은 침체가 가속화된다.

　장기적으로 가구 분화의 속도가 둔화되고 인구 감소 속도가 빨라지는 시점이 오면 가구수 역시 정점을 찍고 감소하게 되며 주택 수요의 총량이 명백하게 감소하면서 다음과 같은 장기적인 변화가 나타날 수 있다. 가구수가 줄어들기 시작하면 주택 수요의 기반 자체가 약해져 장기적인 가격 하락 압력이 커질 수 있다.

과거 대가족 중심의 대형 평형은 수요가 급격히 줄어들어 빈집 문제가 심화되고, 재고 주택의 가치가 빠르게 하락할 위험이 있다. 인프라, 일자리, 교통이 우수한 핵심 입지의 희소성은 더욱 커져 가치 방어가 가능하지만, 비핵심 지역은 수요 기반 자체가 붕괴되며 급격한 침체를 겪을 수 있다.

다음 표는 서울시의 최근 10년간의 인구 변화와 가구수 변화를 정리한 표이다.

〈서울시 등록인구 및 가구수 변화〉

년도	인구수(명)	일반가구수	가구수 증가
2015년	10,022,181	3,784,490	
2016년	9,930,616	3,784,705	215
2017년	9,857,426	3,813,260	28,555
2018년	9,765,623	3,839,766	26,506
2019년	9,729,107	3,896,389	56,623
2020년	9,668,465	3,982,290	85,901
2021년	9,509,458	4,046,799	64,509
2022년	9,428,372	4,098,818	52,019
2023년	9,386,034	4,141,659	42,841
2024년	9,331,828	4,159,502	17,843

서울 열린데이터 광장

위 표를 이용하여 AI에게 서울시 가구수가 줄어드는 시점을 예측해 달라고 하니 다음과 같은 답을 했다. 물론 가구수 증가 항목은 넣지 않고 돌려보았다.

제공된 데이터(2015년~2024년)내에서는 가구수가 지속적으로 증가하고 있기 때문에, 정점을 찍고 하락으로 전환되는 시점은 2024년 이후로 예상된다. 다만, 2020년 가구수 증가가 8만 5,901로 가장 큰 증가폭을 보인 후, 2021년부터는 증가 폭이 2024년 1만 7,843까지 점차 감소하는 추세를 보이고 있어, 증가세가 크게 둔화되고 있음을 알 수 있다.

따라서 현재 추세대로라면 2025년 또는 그 직후에 가구수 증가세가 멈추고 하락세로 전환될 가능성이 높다고 예측할 수 있다.

국가데이터처가 발표한 '장래가구추계(2022~2052년)'에 따르면, 서울시 총 가구수는 2038년에 427.6만 가구로 정점에 도달할 것으로 예상된다. 가구수가 하락으로 전환되는 시점은 그 다음 해인 2039년부터가 될 것으로 예측된다. 또한 우리나라 장래인구는 2020년(5,182.9만 명)을 고점으로 이미 감소 추세에 진입하였다. 다만 일반가구는 1인 가구 분화 등의 영향으로 인구 감소보다 늦은 2041년에 2,437.2만 가구로 최고 정점을 찍은 뒤, 2042년부터 본격적으로 감소할 전망이다.

요약하자면, 인구 감소에도 불구하고 가구수가 증가하는 지연효과는 단기적으로 주택 시장의 붕괴를 막고 소형주택 수요를 폭발적으로 늘리지만, 가구수가 정점을 찍고 하락하게 되면 주택가격의 하락압력도 커질 것이다. 이렇게 되면 선호지역과 비선호지역의 주택 가격 차이는 더 커질 우려가 있게 된다.

AI의 분석대로라면 2026년부터, 국가데이터처 자료에 의하더라도 2039년이면 서울의 가구수가 감소하는 상황이 발생함에도 불구하고 여전히 그린벨트를 풀고 서울근교의 논과 밭을 갈아엎고 신규 주택을 건설하자고 주장하는 것이 맞는지 의문이다.

지금 주택시장의 가격 급등은 심리적 요인에 의한 초과 가수요가 그 원인이다. 주택공급론자들의 주장처럼 공급부족은 서울의 절대적 주택량보다는 국지적인 선호지역의 공급부족에 기인한 측면이 크다. 국지적인 초과 가수요는 기존 주택의 유동화를 통한 단기적 주택공급으로 대처하면 된다.

인구감소로 인한 축소시대에 진입한 지금 그나마 남아 있는 지연효과가 다하고 난 다음에는 어떻게 할 것인지 고민해봐야 한다. 물론 서울의 집값이 싸진다면 다시 서울의 인구와 가구가 늘어날 수도 있겠지만 그 재원을 균형 발전에 투입하여 국토의 균형적 축소를 도모해야 한다.

이젠 서울과 수도권의 집값 방어보다는 지방의 집값 붕괴에 대비하고, 선호지역의 집값 방어보다는 비선호지역의 집값 붕괴에 대비하는 정책을 고민해야 할 때이다. 지금 서울은 물론이고 대한민국이 역대급으로 축소되고 있다.

    집, 도시를 말하다

매입임대주택 사업을 중단하라는 분들께 2025.11.13.

매입임대주택은 도심 내 다가구주택, 아파트, 오피스텔 등을 매입해 최저소득계층에게 저렴하게 임대함으로써 직주근접을 실현하여 주거비용을 최소화하자는 취지에서 도입된 임대주택이다.

특히, 맞춤형 매입임대주택은 기존의 임대주택이 갖고 있는 문제점인 도심 주변부 외곽에 공급되어 직주근접이 이루어지지 않고 기초지방정부의 반대 민원으로 인하여 사업 진행이 잘 추진되지 않는 문제들을 해결할 수 있다. 이와 동시에 기초지방정부의 특성에 맞는 주택을 공급할 수 있다는 특징을 지니고 있다(맞춤형공동체주택, 서울주택도시공사, 2016.12).

아무튼 매입임대주택은 공공주택특별법 제2조 제1항에 '공공주택사업자가 직접 건설하지 아니하고 매매 등으로 취득하여 공급하는 공공임대주택을 말한다'고 정의되어 있어 국가가 인정하는 엄연한 '공공주택'의 한 유형이다. 신축 매입임대주택은 민간사업자가 신규로 건설한 주택을 GH 등이 준공 전 매입 약정한 공공사업이어서 기존 방식 보다 공급 시기가 1~2년가량 빠르다.

지난 9월 정부가 2030년까지 수도권 신축매입임대 14만 가구를 착공하겠다고 발표하고 뒤이어 조기 착공 지원 방안도 함께 내놨다.

주택을 공급하는 사업자의 자금 부족을 해소하기 위해 토지소유권을 확보했을 때 토지 선금을 지급하고, 조기 착공에 성공했을 때는 매입대금을 선지급하기로 했다(한국경제, 2025.11.5.).

과거에는 집과 직장이 좀 멀어도 지금과 같이 교통혼잡이 심하지 않아 출퇴근 길이 견딜만했었다. 하지만 늘어나는 자동차로 인해 점점 고행의 길이 되면서 삶의 질도 그만큼 떨어질 수밖에 없게 되었다. 집이 좀 좁고 누추하더라도 직장 근처에 내 집이 있다면 하는 것이 대부분 직장인들의 바람일 것이다.

그러나 직장근처에 내 집을 마련한다는 것은 서민들 입장에서는 언감생심이다. 아무리 싸고 질 좋은 임대아파트라도 직장에서 먼거리에 있다면 '빛 좋은 개살구'가 될 뿐이다.

즉 직장근처인 도심지에 임대주택이 필요하다.지금 서울을 비롯한 대도시의 직장 주변 도심권에는 임대아파트를 지을 땅이 거의 바닥이 났다. 도심권에 소규모라도 값싸고 질 좋은 임대주택이 곳곳에 있다고 하면 매우 환영을 받을 것이다.

2025년 10월 경제정의실천시민연합(이하, 경실련)은 2021~2024년까지의 서울·경기지역 매입임대주택 실태 분석 결과를 발표하는 기자회견(2025.10.29)을 하면서 정부는 매입임대주택사업을 전면 재검토하라는 취지의 기자회견을 했다.

서울의 집값을 오르게 하고, 주요 지역의 양극화와 과열된 부동산

집, 도시를 말하다

시장을 진정시키기 위하여 정부는 지금 당장 매입임대주택사업을 멈춰야 한다고 주장했다.

그러면서 LH·SH·GH가 서울 9.8조, 경기 6.9조, 총 16.7조 원을 매입임대에 쏟아부어 구입한 매입임대 오피스텔 1채 가격이면 공공아파트 2채가 건설 가능하다고 주장하였다.

모르긴 해도 시민단체가 배포한 보도자료는 언론에서 유일하게 검증작업을 하지 않는 경우가 많다. 사실 정부나 공기업이 발표하는 보도자료는 꼼꼼하게 비판하고 검증하는 언론이 유독 시민단체의 보도자료에 대해서는 지나칠 정도로 관대한 측면이 있다. 시민단체가 정부나 공공기관을 감시하는 기구라는 점은 인정한다. 그러나 발표 자료가 시민의 삶에 직결되는 내용일 경우에는 누군가는 검증을 하고 비판을 해야 한다.

해당 경실련의 보도자료를 비판해 보고자 한다. 물론 AI시대에 걸맞게 Gemini와 Perplexity를 이용했다는 점을 미리 밝혀둔다.

비교 대상의 비일관성 : 경실련이 비교 대상으로 삼은 것은 공공아파트 분양원가(SH 고덕강일 4단지)와 신축 매입임대 오피스텔 매입가격이다. 아파트와 오피스텔은 법적 용도, 구조, 주거 선호도, 시장 가치 등이 다르므로 동일한 평형(전용 59㎡)을 기준으로 단순 가격을 비교하는 것은 '동일한 잣대'라고 보기 어렵다. 더군다나 매입임대의 경우 전용

59㎡형은 거의 찾기가 어려우며 보통 전용 18~50㎡인 경우가 대부분이다. 1㎡당 가격을 역으로 환산해서 신축매입임대주택의 가격을 산출하는 것은 지나치게 작위적이다.

시점 및 지역의 차이 : 비교 대상인 고덕강일 4단지는 2020년 분양되었으며, 오피스텔 매입가격은 2024년 기준으로 물가지수를 적용하여 환산한 가격이다. 4년 동안 부동산 시장의 급격한 변화, 특히 아파트와 비아파트 주택 시장이 다르게 움직인 점을 간과하고, 과거 시점의 분양원가와 현재 시점의 매입가격을 직접 비교하는 것은 공정하지 않다.

분양원가와 매입가격의 본질적 차이 : 분양원가는 사업자의 직접 건설 원가(토지, 건설비, 금융비, 관리비 등)이며 주택공급자(LH, SH)가 사업지 내 건설을 통해 산정한다. 반면 신축 매입임대주택의 매입가격은 시장에서 완공된 오피스텔(또는 주택)을 매매하는 '거래가', 즉 분양 또는 매매 시장에서 형성된 가격이다. 건설 과정·판매 방식·사업 구조 등이 다르기 때문에 분양원가와 매입가격을 1:1로 비교하는 것은 적합하지 않다.

소비자물가지수(CPI) 적용의 부적합 : CPI는 주택 건설 원가 상승을 완벽히 반영하지 못한다.건설자재비, 인건비 등은 CPI보다 더 빠르게 오르거나 변동폭이 크며, 주택원가는 지역별 분양가상한제·토지

  집, 도시를 말하다

비·사업비 등 정밀한 요소가 반영되어야 한다. 따라서 공공기관이 주택을 매입해 임대 공급하는 방식과 직접 건설 후 분양하는 분양원가 방식은 공급 목적, 과정, 가격 산정 구조 모두 다르다. 단순 CPI 인상률로 4년간의 가격 차이를 맞춘 뒤, 오피스텔 매입가격을 분양원가와 견주어 "LH 매입가가 너무 비싸다"는 주장은 설득력이 떨어진다.

도심 주택공급의 신속성 : 매입임대사업은 공공이 직접 부지를 확보하여 건설하는 방식(**공공택지 개발**)과 달리, 민간이 건설하는 주택을 매입함으로써 도심지에 주택을 신속하게 확보할 수 있는 정책적 필요성이 있다. 경실련은 가격 효율성에만 집중하여 도심 주택의 빠른 확보라는 정책 목표를 상대적으로 경시하고 있다.

위와 같은 분석은 별론으로 하고, 경실련 보도 자료에 의하더라도 2021~2024년까지 총 매입금액과 총 매입호수는 나오니 호당 얼마꼴인지 가격은 금방 계산할 수 있다. 즉, 매입임대주택(**오피스텔**) 1채의 평균가격은 GH가 2.54억 원, LH가 2.38억 원, SH는 3.1억 원이다.

그럼에도 고덕강일 4단지 공공주택사업지구의 59㎡ 가격이 3.4억 원이었는데 이를 동일평형으로 환산해서 LH의 매입임대 오피스텔은 6.6억 원이고, SH의 매입임대 오피스텔은 7억 원이라고 발표를 했다. 그러면서 매입임대주택 사업이 예산 낭비이고 정부가 앞장서서 집값 상승을 부추기고 있다고 발표하는 것이 시민단체로서 책임 있는 자세인지 의문이다.

3개 공사가 매입하는 매입임대주택은 1채가 6.6~7억 원이 아니라 2.38~3.1억 원인 것이다. 시민단체가 앞장서서 도심지에 저소득 시민을 위한 매입임대주택 사업을 확대하라고 주장하지는 못할망정 중단하라는 것이 도무지 이해가 되질 않는다.

서울 등 도심권에는 이미 개발가능한 택지가 없어 유일한 임대주택 공급창구는 소규모 다가구, 원룸주택 등을 매입하여 임대주택으로 공급하는 것이다. 임대주택을 원가개념으로 접근해서 비싸게 지으면 안 된다는 생각부터 바꿔야한다.

중앙정부나 지방정부는 임대주택이 아무리 비싸더라도 수요가 있는 곳에 많이 지어야 한다. 그래야 서민들의 삶이 고단해지지 않는다. 정부나 공기업은 비싸게 임대주택을 지었다고 해서 비싼 임대료를 받진 않는다.

서민들은 그 좋은 임대아파트에 들어가고 싶어도 그러지 못하는 더 큰 이유가 있다. 임대료와 관리비 부담때문에 주저하게 되고 그나마 임대료가 싸고 관리비가 없는 다가구, 원룸 등을 선호하는 경우가 많이 있다.

매입임대주택은 입주자격이 생계수급자, 의료수급자, 한부모가족, 최저주거기준 미달자 등 소득1~2분위에 있는 분들이 대부분이다. 이런 분들께 영구임대아파트 입주를 권해도 임대료는 고사하고 관리비 부담이 만만치 않아 꺼리고 있는 것이다.

그러나 현실은 매입임대 주택사업을 당장 중단하라고 주장하는 분이 LH 사장에 지원하겠다고 공공연히 밝히고 있다. 번지수를 잘못 찾으신 것 같다.

공공임대주택은 건설원가가 좀 비싸더라도 필요한 곳에 필요한 사람들을 위해서 많이 공급해야 한다.

지방 개발 공기업의 한계 _{2025.12.1.}

GH와 SH 그리고 LH가 어떤 일을 수행하는지는 설령 공공분양이나 공공임대에 관심이 없는 사람들도 대부분 알고 있다. 그러나 LH는 국가공기업이고, GH나 SH는 경기도와 서울시에서 투자한 지방공기업이라는 내용까지 알고 있는 사람은 그리 많지 않다.

LH는 「한국토지주택공사법」에 의거 설립된 국가공기업으로서 토지의 취득·개발·비축·공급, 도시의 개발·정비, 주택의 건설·공급·관리 업무를 수행하게 함으로써 국민주거생활의 향상과 국토의 효율적인 이용을 도모하여 국민경제의 발전에 이바지함을 목적으로 한다**(법 제1조)**. GH는 「지방공기업법」 제49조 및 경기주택도시공사의 설립 및 운영 조례에 의거 경기도에 의하여 전액 출자되어 설립된 지방공기업으로 LH와 비슷한 일을 경기도내에서 수행한다.

나는 30년 이상을 지방 개발 공기업에서만 직장생활을 했다. GH는 LH와 동일한 사업**(공공주택건설, 도시개발, 산업단지 조성 등)**을 수행하나 법규 및 제도상 차별을 받고 있다. 이로 인해 사업의 신속성은 물론이고 신규 택지개발과 공공주택 물량을 추가 공급함에 있어 일부 제한이 있다.

LH는 국가공기업이고 GH는 지방공기업이라는 이유말고는 다른 이유를 찾기 어렵다. 물론 전국의 지방공기업이 총 418개**(지표누리 e-나라**

이며 이 중 부동산 개발 공기업인 도시개발공사는 16개이다. 그러다 보니 모든 지방공기업을 대상으로 규율하는 지방공기업법으로는 16개 개발공기업만을 예외로 하는 조항을 따로 두기가 어려웠을 것이다.

이럴 때 특별법인 공공주택 특별법 등으로 광역지방정부 산하 개발공기업에 대해서는 예외조항을 두면 쉽게 해결할 수 있는 문제일 텐데 좀 아쉬운 측면이 있다. 같은 공기업인데 무슨 차별이 있겠느냐고 반문하겠지만 현실은 그렇지 않다.

그동안 LH에 비해 상대적으로 불리한 조건 하에서 사업을 추진하고 있는 지방 개발공기업의 문제점들을 조속히 개선하여 지방분권시대에 알맞는 맞춤형 부동산 정책을 펼쳐야 한다.

세부적으로 따져 들어가면 열 가지도 넘지만 대표적인 것 몇 가지만 이야기하고자 한다.

첫째, 지방개발공기업의 공사채 발행한도 상향이다. 대부분의 부동산 개발공기업은 토지보상 등으로 인해 초기 투자비용이 많이 들게 되고, 이를 택지로 개발하여 주택을 건설한 후 매각하게 된다. 이에 따라 최초 투자이후 자금회수시까지 최소 5년 이상 소요된다.

이에 따라 부족한 자금 마련을 위해 공사채를 발행할 수밖에 없다. LH의 경우에는 자본금과 적립금 합계액의 5배까지 공사채를 발행할 수 있으나 GH는 순자산액의 4배 이내로 공사채를 발행할 수 있도록 되어 있다.

그나마 행안부에 의하여 3배까지로 제한되어 있고, 3기 신도시 등에서의 공공주택건설사업에 한하여 예외적으로 3.5배까지로 되어 있다. 아무튼 LH는 GH에 비하여 상대적으로 충분한 투자여력을 가지고 사업을 추진하게 된다.

둘째, 임대주택 보조금을 자본금 출자로 인정될 수 있도록 근거를 마련해야 한다. 정부에서 지원되고 있는 주택도시기금 등의 임대주택보조금이 LH의 경우에는 자본금 출자로 인정되지만, GH의 경우에는 보조금으로 지원되어 공사의 자본금 확충으로 연결되지 않고 있어 그만큼 공사채 발행에 제한적이다.

전국 도시개발공사 전체 보조금 1조 4,481억 원이 자본금 출자로 지원된다면 추가로 공사채 발행을 통해 확보할 수 있는 자금이 4조 3,443억 원으로 이를 통해 임대주택 평균건설비가 1.6억 원이라고 할 때 약 2만 7,000호 정도의 추가 임대주택 확보가 가능하다.

셋째, 적금주택(지분적립형 분양주택)의 보증상품 마련을 위한 담보 제공이 가능하도록 해야한다. GH는 지방공기업법에 의거하여 보증이 포함된 계약을 체결할 수 없도록 되어 있어, 적금주택을 공급함에 있어 공사 지분에 대한 담보제공이 불가하여 별도의 보증상품을 마련하는 데 애로사항이 많다.

   집, 도시를 말하다

그러나 LH는 토지주택공사법 제18조에 의하여 담보제공이 가능하도록 되어 있어 적금주택 공급에 있어서 공사 지분을 금융기관에 담보제공이 가능하고 즉시 주택담보대출 상품 개발이 가능하다. 즉, 은행들은 HUG(주택도시보증공사) 등에 의한 별도의 보증상품이 없더라도 수분양자에게 담보대출을 해줄 수 있게 된다.

그러나 그러한 조항이 없는 지방공기업은 HUG 등에 의한 보증상품이 있어야 은행에서 대출을 해줄 수 있다는 입장이다. 최근 금융위원회가 GH가 고안한 대체 담보 확보방안을 긍정적으로 보고 있어 곧 담보대출상품이 출시될 예정이다.

넷째, 공공주택 신규사업 타당성 평가 면제가 필요하다. GH는 「지방공기업법」 제65조의 3에 의거 500억 원 이상의 신규 투자사업 추진시 타당성을 검토하여 도지사에게 보고하고 도의회의 의결을 받도록 되어 있다.

그러나 LH의 경우에는 기재부의 유권해석으로 '행복주택의 계속사업'으로 의제 받아 예타 면제를 받음으로써 신규사업 타당성 검토로 인해 소요되는 약 1년 정도의 시간을 단축할 수 있다.

한편 LH와 공동으로 사업을 하고 있는 3기 신도시 사업의 경우 LH와 함께 한다는 이유로 별도로 타당성 평가를 받을 필요가 없다. 그 외에도 공공 정비사업에 있어서도 LH는 예타를 면제받으나 GH는 그러한 면제조항이 없다.

다섯째, 취득 지장물에 대한 재산세 감면조항 신설이 필요하다. 토지보상법에 따라 취득한 지장물(주택, 일반 건축물, 창고 등)에 대해서는 지방공기업이 직접 사용하지 않는다는 사유로 감면이 배제된다.

그러나 해당 건축물은 대지 조성을 위해 반드시 철거해야 하므로 공사가 본래 직접 사용할 수 없다. 심지어 3기 신도시 보상 수용과정에서 대지면적이 200평을 초과하는 지장물을 지방세법상 고급주택으로 간주하고 11%의 중과세 세율로 취득세를 납부한 사례도 있다.

지방 공기업의 목적사업을 위해 토지보상법에 따라 취득한 토지는 감면이 적용되나, 동법에 따라 취득한 지장물은 감면이 적용되지 않는 것은 부당하다고 볼 수밖에 없다.

지방분권시대에 걸맞는 역할을 광역 도시개발공사도 수행해야 한다. 지방공기업을 활용한 중단없는 임대주택 공급을 통해 지역밀착형 국민들의 따뜻한 주거복지를 도모해야 한다.

지금 LH는 공공택지의 직접 시행, 주택시장의 안정 등 해야 할 일들이 산적해 있다. 이럴 때일수록 지방공기업들이 지역 맞춤형 주거복지 업무를 담당하게 한다면 국민들의 주거안정은 더욱 공고히 될 것이다. LH가 굼뜨면 지방개발공기업을 부려먹어야 주거복지도 주택시장 안정도 도모할 수 있다.

국토의 균형발전은 LH뿐만 아니라 GH를 포함하는 모든 개발공기업의 사명이다.

　　GH는 경기도가 기회가 넘치는 도시가 되도록 많은 일을 해왔고, 앞으로 더 많은 일을 해야 한다. 이를 위해 지방개발공기업의 한계는 지역적 제약 말고는 어떠한 작은 걸림돌도 없어야 한다.

2025년도 집값 톺아보기 2025.12.30.

　　OECD국가 각 도시의 중위 가구 소득을 기준으로 산출된 소득대비 주택가격 비율인 PIR(Price to Income Ratio)을 살펴볼 때 홍콩이 28, 런던 20.4, 뉴욕이 16.8, 도쿄가 9.2이고 서울이 23.6으로 OECD국가 중 최상위권 수준이다. 즉, 본인이 받는 급여를 하나도 쓰지 않고 저축을 했을 때 23.6년이 되어야 내집을 마련할 수 있다는 뜻이다.

　　보통 PIR이 3.0~5.0을 '적정수준' 또는 '감당 가능한 수준'으로 보고 있고, 이를 넘어서는 경우 주거비 부담이 과도한 것으로 평가하게 된다. 그러고 보면 서울의 집값은 '적정수준'을 넘어 '넘사벽'이라고 할 수 있다.

　　집값과 관련된 이야기는 가급적 하지 않으려고 했으나 2025년도 수도권의 집값이 다이나믹하게 올랐다고 언론에 보도되고 있고, 경기도 12개 지역이 토지거래허가 구역으로 묶여 있는 등 이중 삼중규제가 되어 있는 상황에서 가족들이 거주하고 있거나 개인적으로 알고 있는 단지들만을 대상으로 지난 1년간의 집값을 살펴 보았다.

　　네이버 부동산의 올해 1년간 8개 단지 실거래가 그래프를 Gemini Pro를 이용해서 분석했음을 미리 밝혀둔다.

〈수도권 단지별 집값 변화〉

(단위:억원)

단지	아파트 지역 (면적)	24.12	2.12 해제 후	6.27 대책 전후	9.7 대책 전후	10.15 대책 전후	25년 12월 (현재)
A	송파 문정 (61㎡)	6.8	7.1	7.5	8.3	8.8	9.5
B	송파 신천 (108㎡)	23	25.2	26	29	31	32
C	노원 상계 (81㎡)	5.3	5.3	5.4	5.4	5.4	5.4
D	분당 정자 (57㎡)	6.5	6.6	6.8	7.5	8	8.3
E	마포 아현 (80㎡)	16.5	17.2	18	20	22	23
F	수원 이의 (130㎡)	16.2	16.5	17	17	17.5	17.7
G	용인 영덕 (113㎡)	6.1	6.1	6.1	6.1	6.1	6.15
H	강남 개포 (73㎡)	22	24.3	24.5	28	30.5	31

송파 신천(B)과 개포(H)는 잠실과 대치동의 바로 인접 지역으로, 2.12 오세훈 서울시장이 잠실, 삼성, 대치, 청담 토지거래허가제 해제 직후 한 달 만에 약 10%의 기록적인 상승률을 보였다.

토허제 해제로 실거주 의무가 사라지자 투자 수요(갭투자)가 급격히 유입되었고, 이는 인근 단지들의 호가를 순식간에 끌어올리는 결과를 초래했다. 초강세 지역(B, E, H)인 강남, 송파(신천), 마포 지역은 세 번의 대책 발표 시점마다 가격이 계단식으로 급등했다.

특히 9.7대책 전후로 가장 가파른 상승 곡선을 그리며 시장의 유동성이 상급지로 집중되었음을 보여준다. 송파(문정), 분당, 광교는 초기에는 완만했으나, 상급지의 급등 이후 10.15 대책 즈음부터 본격적으로 시세가 따라 올라가는 양상을 보인다. 서울 핵심지 규제에 따른 '풍선효과'가 준상급지로 전이된 결과이다.

노원, 용인 지역은 대책 시점과 관계없이 1년 내내 거의 평행선을 유지하고 있다. 부동산 대책이 모든 지역에 영향을 미치기보다, 특정 선호 지역에만 수요가 몰리는 '극심한 양극화'가 있었음이 수치로 증명된다. 위 데이터는 각 정책이 발표될 때마다 규제 지역의 희소성이 오히려 부각되면서 가격 상승을 자극했던 2025년 부동산 시장의 흐름을 명확히 보여주고 있다.

위 단지들을 4인가구 기준 중위소득 연 환산액인 전국 7,317만 원, 서울 9,173만 원, 경기 6,174만 원으로 계산했을 때 각 아파트의 전국 및 지역PIR은 다음과 같다(국가데이터처 및 KB자료).

단지	아파트 단지 (지역)	2025.12 시세(상한)	국가 중위소득 기준 PIR	비고
A	송파 문정동	9.5억	12.9배	
B	송파 신천동	32.0억	43.7배	
C	노원 상계동	5.4억	7.4배	
D	성남 정자동	8.3억	11.3배	
E	마포 아현동	23.0억	31.4배	
F	수원 이의동	17.7억	24.2배	
G	용인 영덕동	6.15억	8.4배	
H	강남 개포동	31.0억	42.4배	

서울은 지역 중위소득이 전국 평균보다 높기 때문에, 지역 PIR(B) 보다 전국 PIR(A) 수치가 더 높게 나타난다. 특히 신천(B)과 개포(H)의 경우, 전국 평균 소득자가 진입하려면 서울 거주자보다 약 8~9년을 더 숨만 쉬고 모아야 한다는 결론이 나온다.

이는 서울 상급지가 이미 전국적인 소득 수준과는 많이 괴리되었음을 보여준다. 반대로 경기도 일부 지역은 전국 4인가구 기준 중위소득보다 지역 가구 소득 통계가 낮게 잡히는 경향이 있어, 지역 PIR(B)이 더 높게 나타난다. 광교(F)의 경우 지역 PIR이 28.7배로, 수치상으로는 서울 마포(25.1배)보다 해당 지역 주민들이 느끼는 '내집마련'의 고통이 더 클 수 있음을 시사한다.

강남·송파·마포(B, E, H)의 경우 PIR 30~43배로 대한민국 평균 소득을 가진 가구가 숨만 쉬고 소득을 31년에서 최대 44년 동안 모아야 살 수 있는 가격대이다. 서울 핵심지는 이미 일반적인 근로 소득자의 구매 범위를 완전히 벗어나 있으며, 자산 증여나 고액의 대출 없이는 접근이 불가능한 수준이다.

특히 신천동(B)과 개포동(H)은 40배를 넘겨 역대 최고 수준이다. 노원 상계동(C)은 PIR 7.4배로 가장 낮지만, 과거 '중산층 진입의 교두보'였던 서울 외곽 지역조차 이제는 전국 평균 가구가 7년 이상을 꼬박 모아야 하는 수준이 되었다.

2025년 말 현재, 집값 시세는 전체 국민의 '평균 소득'과는 더 이상 상관관계가 없음이 명확해졌다. 핵심 지역(B, E, H)은 특정 고소득층이나 자산가들 사이의 리그로 굳어졌으며, 전국 평균 소득 가구에게 서울 주요 단지는 현실적으로 도달하기 힘들게 되었다.

이러한 높은 PIR 수치는 향후 금리 인상이나 경기 침체 시 가계에 엄청난 압박으로 작용할 수 있으며, 정부가 2025년에 내놓은 6.27, 9.7, 10.15대책들이 결과적으로 가격을 더 밀어올려 PIR 지수를 악화시켰다는 비판을 피하기 어려울 것으로 보인다. 이쯤 되면 부동산 대책이 효력을 발휘하는 곳은 집값이 한 번도 올라본 적이 없는 동네이다.

집값 안정대책은 정말로 방법이 없는 것일까? 아니면 없는 것이 대책일까?

진보정부와 자산가격 상승 2026. 2. 3.

　신자유주의의 아버지가 프리드리히 하이에크(Friedrich Hayek, 1899~1992)라면 그의 스승인 루트비히 폰 미제스(Ludwig von Mises, 1881~1973)는 할아버지라고 할 수 있다. 미제스는 국가가 화폐를 독점하지 않을 때에는 금을 채굴하여 가공한 금화 등이 화폐 역할을 했고, 이와같이 국가나 정부의 개입 없이 만들어진 화폐질서를 '시장경제 화폐질서'라고 했다.

　미제스는 인플레이션을 단순한 경제 현상이 아니라, 국가가 무에서 창조한 화폐 발행을 독점함으로써 발생하는 제도적 문제로 보았다. 그의 관점에서 화폐 발행권의 국가 독점은 필연적으로 통화 팽창을 유발하고, 이는 시장에서 자발적으로 형성된 교환 질서를 왜곡한다.

　이러한 화폐시스템에서는 통화량과 물가가 지속적으로 상승하는 경향이 있다. 이런 시스템에선 실물자산을 획득하기 위한 목적으로 현금을 저축하는 것은 별로 권장하지 않는다. 그보다 오히려 빚을 내어 부동산 같은 실물자산을 먼저 획득하고 나중에 가치가 떨어진 돈으로 부채를 상환하는 것이 훨씬 더 현명하다.

　자산시장에서 발생하는 가격 상승은 사회적 빈부 격차가 점점 더 심화되는 이유를 설명하는 중요한 요인이다. 자산시장의 가격 상승으로 이익을 보는 사람들은 이미 자산을 보유하던 사람들이다. 그들은 점점 더 부를 쌓게 되며 기존 자산을 담보로 더 많은 대출을 받아 더 많은 주식이나 부동산을 매입한다.

이제는 저축해서 필요한 돈을 마련한 다음에 부동산이나 주식 등의 자산을 획득하는 것이 아니라, 일단 대출 받아서 그 돈으로 자산을 먼저 구입한다. 이어서 물가는 지속적으로 상승하고, 대출로 인해 발생한 부채의 가치는 떨어진다. 저축해서 재산을 마련하는 데 걸리는 시간이 점점 더 길어지며 사회적인 신분 상승도 어려워지기 시작한다.

여기에 자산 보유 여부가 결합되면 재분배 효과는 더 커진다. 부동산이나 주식 같은 자산을 보유한 계층은 자산 가격 상승을 통해 인플레이션을 방어하거나 오히려 부를 늘릴 수 있다. 반면 자산이 없는 가계는 오르는 생활비를 그대로 감내해야 하므로 상대적 박탈감과 불평등이 확대된다.

인플레이션은 소득뿐 아니라 부의 분포에도 구조적인 변화를 초래한다. 한때는 열심히 저축을 하여 목돈을 모아 내 집을 마련하는 것이 당연하던 때가 있었다. 그러나 저축을 먼저하고 내집을 마련하기에는 집값의 상승속도가 너무 빠르다.

소비자물가지수(CPI)는 가계가 일상생활에서 실제로 소비하는 물품들의 가격 변동을 측정하는 지표이기 때문에, 집값이나 주식 가격과 같은 자산가격은 포함되지 않는다. 주택 매매가격은 소비가 아니라 자산 취득에 해당하고, 주식 역시 금융자산의 가치 변동이므로 CPI의 목적과 맞지 않기 때문이다. 대신 CPI에는 전세·월세와 같은 주거 서비스 비용이나 전기·가스 요금처럼 생활비에 직접 영향을 미치는 항목은 반영된다.

미제스에 따르면, 인플레이션은 중립적인 세금이 아니다. 새로 발행된 화폐는 경제 전체에 동시에 퍼지지 않고, 정부·금융기관·대기업 등 특정 경로를 통해 먼저 유입된다. 이들은 물가가 오르기 전의 가격으로 재화와 자산을 구입할 수 있어 이득을 본다. 반대로 화폐가 늦게 도달하는 임금 노동자와 서민층은 이미 오른 가격을 감당해야 하므로 손해를 본다.

이와 같이 인플레이션은 저소득층으로부터 고소득층으로 부가 재분배되는 효과가 있다. 인플레이션의 소득 재분배 과정은 물가 상승이 모든 경제 주체에게 동일한 영향을 미치지 않는다는 점에서 출발한다. 인플레이션은 단순히 가격 수준을 끌어올리는 현상이 아니라, 화폐 가치 하락이 소득·부·권력의 분배 구조 자체를 변화시키는 과정이기 때문이다.

미제스가 제기한 핵심적인 요구 중 하나는 국가가 화폐제도에서 손을 떼고 뒤로 물러나야 한다는 것이다. 그는 중앙은행과 국가의 화폐 독점권이 반드시 폐지되어야 한다고 주장했다. 그는 자신의 신념을 조금도 굽히지 않았고, 자유주의와 자유시장을 지지했다.

미제스를 포함한 오스트리아 학파에 소속된 대부분의 경제학자들은 단지 화폐제도에 국한해서만 그런 것이 아니라, 보편적으로 자유시장과 국가의 간섭이 배제된 경제체제를 옹호한다. 이에 규제와 간섭을 좋아하는 국가와 정치인들의 입장에서 보면 오스트리아 학파의 이론은 극도로 불편할 수밖에 없었다.

뜬금없이 신자유주의의 할아버지인 미제스와 인플레이션 이야기를 하게 된 이유는 우리의 현실이 저축을 해서 내집을 마련하기보다는 대출을 받아서 내집을 마련하는 경우가 많은 시대적 상황이 약 60여 년 전 미제스의 주장을 환기시키기 때문이다.

2025년 6월 진보정부가 들어선 이후 주식과 부동산의 자산가격이 급등하고 있다. 미제스가 우려한 국가와 통화당국의 역할이 커질 것이라고 생각하는 사람들이 많기 때문에 나타나는 현상이라고 단정한다면 억측일까.

※《왜 그들만 부자가 되는가》로 번역 출간된 Warum andere auf Kosten immer reicher werden(2014, Philip Bagus & Andreas Marquat)에서 많은 내용을 참고해 작성했다.

제2부

기회
도시
경기도

제2부

기회도시 경기도

시민단체의 황당한 주장 2024.2.19.

최근 경실련에서 "경기도는 왜 반값 아파트인 토지임대부 아파트를 공급하지 않느냐?"는 내용의 질의서를 보냈다고 한다. 이에 발맞추어 경실련 출신 어느 공기업 사장은 이를 보도한 인터넷 언론을 친절하게 링크를 걸어서 페북에 게시까지 했다. 우연치고는 아주 묘한 우연이다.

그렇다면 건물만 분양하는 토지임대부 아파트가 진짜 반값 아파트인가?

보통 아파트를 분양하면 대지 지분과 건물로 나누어 분양가격을 산정하게 된다. 대지지분이 없는 토지임대부 아파트는 그냥 건물만 분양하는 아파트로 건물값만 온전히 다 받는 구조이다. 그런데 무슨 반값 아파트라고 호들갑을 떨고 있는지 어이가 없다.

그야말로 토지없는 반쪽 아파트를 반값만 받아야지 일반분양 아파트처럼 온전히 다 받는다면 그게 말이 되는가? 제발 토지임대부 아파트를 반값 아파트라고 표현하지 않길 부탁드린다.

소위 환매조건부 아파트를 모태로 한 토지임대부 주택은 아파트를 공공재로 보고 임대주택과 달리 입주자격(소득, 자산, 자동차 등)을 좀 완화하고 2년 단위 임대차계약 갱신없이 본인이 원하는 만큼 거주하다가 다시 사업시행자에게 환매하는 걸 원칙으로 한다.

토지임대부 주택도 마찬가지로 제3자에 대한 전매를 허용하지 않고 저렴한 토지임대료로 일정 기간 거주한 후 사업시행자인 공공에게 환매하고 공공은 다시 또 저렴한 아파트를 필요로 하는 대중에게 공급하여 주택의 공공성을 확보해야 토지임대부 주택의 본래 역할을 수행하는 것이다.

그런데 지금의 토지임대부 아파트는 어떠한가?

토지임대부 주택을 사전예약으로 받은 사람들과 언론 등에서 문제점이 분출되자 오로지 청약경쟁률에 목마른 기관의 꾸준한 노력으로 제 3자에 대한 거래가 가능하도록 주택법령을 개정하였고, 조성원가로 산출하던 토지임대료도 감정가격을 기준으로 산출할 수 있게 함으로써 사업시행자로 하여금 일정 부분 수익이 나도록 했다.

토지임대료를 감정가격을 기준으로 산정할 수 있게 한 점은 추후 토지의 개별공시지가가 상승됨에 따라 토지임대료가 제한없이 올라갈 수 있는 근거를 마련해 놓은 셈이다. 기존의 임대주택이 재계약시 5% 범위 내에서만 인상이 가능했던 것에 비해 세입자 부담이 커지는 구조이다.

지금 시중에서 회자되고 있는 소위 토지임대부 아파트는 진정한 의미의 토지임대부 주택이 아닌 그냥 '공중부양 아파트'이고 '반쪽 아파트'일 뿐이다.

우리나라 국민이 아파트를 분양받는 주된 목표는 거주목적도 있지만 분양받은 아파트가 자산가치 상승의 효과를 거두는 자산증식의 목적도 가지고 있다. 만약 거주목적이 주된 목적이라고 하면 토지에 대한 임대료를 부담해야 하는 토지임대부 분양주택보다는 각종 세금 부담 없는 장기전세 등의 임대아파트에 거주하는 것이 훨씬 실용적이다. 다시 한번 이야기하지만 제발 토지임대부 아파트가 반값 아파트라고 우기지 않았으면 좋겠다.

언젠가 토지임대부 아파트 관련 기사에 달려있던 댓글 중 토지임대부 주택의 문제점 10가지를 본 기억이 있다. 해당 댓글을 옮겨 본다.

토지임대부 분양주택의 10가지 문제점

1. 분양주택인데 매월 임대료(토지)를 낸다.

2. 전매제한기간 종료후 LH에 환매해야 한다(거래가 불가능).

  → 주택법개정(2024.6.18.)으로 전매 가능

3. 시세 차익이 보장되지 않는다. → 주택법개정(2024.6.18.)으로

  제 3자에 대한 전매가 허용되어 일정부분 보장

4. 시간이 흐를수록 감가상각으로 집값이 떨어진다.

5. 집값 폭등기에는 혼자 거지 된다.

6. 집값이 하락기에는 같이 거지 된다.

7. 대지 지분이 없다보니 재건축이 불가능하다.

9. 실제는 임대주택인 데 재산세, 취득세 등 온갖 세금은 다 낸다.

10. 당첨되면 청약통장이 죽고 일정 기간 재당첨제한 규제를 받는다.

기본주택·토지임대부 주택 그리고 지분적립형 주택

우리의 공공주택 정책은 크게 주택법(주택공급에 관한 규칙) 그리고 공공주택특별법(시행 규칙)에 근거하여 수립되고 집행되어 진다. 중앙정부건 지방정부건 근거법령이 없이는 새로운 유형의 주택정책을 마련하여 집행할 수 없다는 뜻이다.

해당 법률을 통해서 주택 유형과 입주자격, 입주절차 등을 상세하게 규정하고 있고, 유주택자도 청약이 가능한 민영주택과 달리 GH, SH, LH 등의 공공주택은 무주택 자격을 유지해야 할 뿐만 아니라 자산, 소득, 자동차 등에 있어 엄격한 제한을 적용하도록 되어 있다.

기존의 기본주택은 무주택자이기만 하면 아무런 조건 없이 장기임대주택과 공공분양주택을 공급하고자 하는 다소 획기적인 정책이었다. 장기임대주택은 적정임대료로 30년 이상 거주할 수 있도록 하고, 분양주택은 최근 핫한 토지임대부 방식으로 공급하되 건물만 분양하고 토지는 공공이 소유하는 형태로 되어 있지만 주택양도시에는 사업시행자에게 환매를 의무화하도록 하였다.

사실상 평생 거주할 수 있도록 하되 토지임대부 주택이 시장에 유통되지 못하게 함으로써 가격이 저렴한 공공분양주택을 재공급할 수 있도록 한 획기적인 주택정책이었다

하지만 기본주택을 추진하기 위해서는 무주택자격을 제외하고는

기존 공공주택 입주자격 등을 대거 손을 보아야 하기 때문에 관련된 특별법들을 신설해야만 가능했다. 그렇지 않아도 공공주택 공급 담당자도 알 수 없을 만큼 복잡하게 얽혀있는 유형의 기존 주택공급절차, 공급방식, 입주자격 등을 일거에 바꾸기가 쉽지 않았는지 결국 입법의 문턱을 넘지 못했다. 진정한 의미의 토지임대부 분양주택이 좌초될 수밖에 없었다.

이때만 해도 토지임대부 주택을 반값 아파트라고 표현하기보다는 '기본주택'이라는 별도의 주택정책 브랜드를 사용함으로써 최소한 소비자인 국민에게 반값 아파트에 대한 막연한 환상을 심어주지는 않았다.

그러나 특정 시민단체에서 갑자기 건물만 분양하는 토지임대부 주택을 반값 아파트라고 들고나오면서 소비자인 국민으로 하여금 이에 대한 환상을 심어주게 되었고, 해당 시민단체 출신 모 공기업 사장은 시도 때도 없이 토지임대부 주택만이 반값 아파트인 것처럼 언론 인터뷰뿐만 아니라 SNS 등에 도배를 하면서 경기도는 왜 반값 아파트를 공급하지 않느냐고 윽박을 지르곤 했다.

소위 현재 유통된 토지임대부 아파트는 관련법을 개정하여 제3자에게 팔 수 있도록 되어 있고, 토지임대료를 감정가격으로 산출할 수 있도록 조성원가를 기준으로 함으로써 영원히 토지임대료를 동결시킬 수 있었던 기회를 놓치고 말았다.

그토록 해당 시민단체가 중시했던 토지의 공공성도 확보하지 못했을 뿐만 아니라 건물의 공공성도 확보하지 못하게 된 것이다. 짝퉁 토지임대부 아파트이다.

부탁하건데 제발 좀, "경기도에 반값 아파트 왜 안 하냐?"고 떼 좀 쓰지 않았으면 좋겠다. 우리는 "반의반값 아파트"를 대량으로 공급할 준비를 하고 있다.

이와 같이 두 정책의 사례를 살펴보면 공공의 주택정책이 수립도 복잡하지만 시행함도 생각만큼 쉽지 않다는 것을 알 수 있다. 중앙정부가 아닌 지방정부, 더군다나 지방공기업이라면 더 어려울 수밖에 없다.

어쩔 수 없이 현행법령의 테두리 내에서 실행가능한 공공주택 유형을 살펴봐야 했고, 공공주택특별법령에 규정되어 있는 지분적립형 주택에 GH가 주목할 수밖에 없었다. 다행히 해당 법령에는 주택개념, 입주의무, 전매제한 기간 등 기본적인 골격이 잘 갖추어져 있어 시범사업지를 선정·발표하고 홍보하여 시장의 반응을 살펴보게 되었다.

대대적인 홍보 덕분인지 언론과 시장의 반응이 좋았고, 정부에서는 지분적립형 주택을 확대 공급함에 있어 문제점은 없는지 직접 GH에게 문의하여 사업시행자 소유 지분에 대한 종부세 합산과세 배제를 명시하는 시행령을 입법예고하게 되었고 이번 달 말이면 시행될 예정이다.

현재 골격이 갖추어진 주택 유형이라 할지라도, 실제 입주에 이르기까지는 보이지 않는 문제들이 끊임없이 드러난다. 따라서 우리는 현장의 목소리를 지속적으로 알리고, 무엇이 문제인지 어떻게 개선할 것인지 치열하게 고민해야 한다.

자산이 부족한 청년과 신혼부부가 집 걱정 없이 자녀를 키우며 20~30년을 살고, 은퇴 후에는 주택 자산을 바탕으로 안정적인 노후를 누리는 평범한 가족의 삶을 지켜주어야 한다.

이것이 바로 '경기도형 지분적립형 주택'이 반드시 성공해야 하는 이유이다.

연천군과 가평군의 고민 2024.5.10.

가평군과 연천군은 경기도 내에서도 인구 소멸 위기를 정면으로 마주한 지역이다. 가평(약 6만 3,000명)과 연천(약 4만 2,000명)의 인구밀도는 1㎢당 75명 미만으로, 경기도 평균(3,976명)에 비하면 지극히 저조하다. 이 때문에 두 지역은 2021년부터 인구감소지역으로 분류되어 생활인구 유치에 사활을 걸고 있으나, '수도권'이라는 이름 아래 가해지는 획일적 규제가 발목을 잡고 있다.

현행 '수도권정비계획법'은 수도권의 인구와 산업을 분산하여 균형 발전을 도모하는 것을 목적으로 한다. 이에 따라 수도권을 3개 권역으로 나누어 학교, 공장 등 인구 집중 시설과 대규모 개발 사업을 엄격히 제한한다.

문제는 인구가 급감하는 연천(성장관리권역)과 가평(자연보전권역)조차 행정 구역상 수도권이라는 이유만으로 규제 대상이 된다는 점이다. 여기에 군사시설 보호구역이라는 중첩 규제까지 더해져 지역 발전 동력은 더욱 약화되고 있다.

규제의 불합리성은 주거정책에서도 드러난다. 「주택공급에 관한 규칙」에 따르면 비도시 읍·면 지역의 노후 단독주택이나 소형주택 소유 시 청약에서 무주택자로 인정받는 예외 조항이 있지만, 수도권은 여기서도 일괄 제외된다.

결과적으로 강원도 횡성의 빈집 소유자는 무주택자로 인정받는 반면, 연천이나 가평에 같은 조건의 빈집을 가진 이는 유주택자로 분류되는 모순이 발생한다.

수도권이라고 다 같은 수도권은 아니다. 지금처럼 법령에 범위를 고정해두고 일괄 규제하는 방식은 인구 감소 지역의 생존권을 위협한다. 따라서 규제 목적의 수도권 개념은 법령 명시보다 시장 상황에 따라 유연하게 지정·해제하는 '투기지역' 방식처럼 별도 고시를 통해 운영하는 방안을 검토해야 한다.

수도권이라는 명분 아래 역차별받는 연천과 가평의 호소를 더 이상 방치해서는 안 된다. 실질적인 인구 현황과 낙후도를 반영한 정교한 정책 설계가 뒷받침될 때, 비로소 진정한 의미의 국토 균형 발전과 수도권의 질서 있는 정비가 가능해질 것이다.

 집, 도시를 말하다

제3판교를 대하는 두 가지 방법 2024.7.12.

경기도 성남시 시흥동, 금토동 일원에 성남금토 공공주택지구로 지정된 제3판교 테크노밸리가 있다. 지난 2018년 지구지정되었고, 공공주택 공급을 통한 청년, 신혼부부 및 주거 취약계층의 주거안정과 제2판교 테크노밸리와 연계된 통합된 도시환경을 조성하는데 그 목적이 있다.

우리가 알고 있는 판교는 제1판교**(택지개발사업)**, 제2판교**(산업단지개발사업)**, 제3판교**(공공주택사업)**로 나누어져 있고 각각의 사업방식도 다르다. 하지만 판교를 명실상부한 테크노밸리로서 선순환 산업생태계로 조성한다는 목적은 같다.

제3판교는 GH가 40%, LH가 60%의 지분을 가지고 사업을 진행하고 있다. 따라서 GH와 LH가 맡고 있는 지역은 두 기업의 고유한 색깔을 만들어 낼 수 있고, 판교 전체의 비전을 완성하는데 있어 매우 중요한 역할을 할 것이다.

그런데 이러한 제3판교의 중요성에 비추어 볼때 GH와 LH가 담당하는 사업지구의 자족시설 용지와 관련해서 두 공기업의 차이를 확연히 느낄 수 있는 사건이 있었다.

GH는 당초 얼마든지 쪼개서 민간에 팔수 있는 4개의 자족시설

용지를 2개 필지로 합하여 '판교 스타트업 플래닛'으로 명명하고 GH가 직접 개발하여 판교 전체의 정체성이 훼손되지 않도록 하고 있다.

최근에는 제3판교테크노밸리를 혁신성장 생태계로 조성하는 '판교 스타트업플래닛'에 대한 기획 디자인을 공모해서 3개의 당선작을 발표했다. 판교 스타트업플래닛은 제3판교테크노밸리 자족시설용지 7만 3,000㎡ 부지에 조성하는 연면적 50만㎡의 국내 최대 융합형 공공지식산업센터로, 2026년 착공해 2031년 준공될 예정이다.

이곳에는 앵커기업, 스타트업, 대학교 첨단학과 등과 함께 청년 직장인들의 집값 부담을 덜어줄 공공기숙사, 퇴근 후에도 머물며 즐길 워라밸 시설 등이 들어설 예정이다.

특히 GH는 사는 곳에서 일하고 즐기고 배울 수 있는 '직(職)·주(住)·락(樂)·학(學)' 개념을 도입해 판교 스타트업플래닛을 랜드마크 건축물로 조성할 예정이다. 이와 같이 GH는 자족시설 용지를 민간에 매각하지 않고 직접 개발하고 있는 것이다.

이에 비해 LH는 자족시설용지를 민간 매각 공고를 냈고 특정건설사가 임·직원 등 100여 명을 동원한 이른바 '벌떼 입찰'을 통해 매입했다.

이 땅은 오피스 또는 지식산업센터를 지을 수 있는 곳으로 면적만 9,747㎡(약 3,000평)으로 건폐율 60%에 용적율 400%, 최고 층수는 12층까지 건축할 수 있는 토지였다.

  집, 도시를 말하다

두 공기업의 제3판교를 대하는 방법이 확연히 차이가 났고, 제3판교를 세계적인 창업생태계로 완성하는데 어떻게 하는 것이 더 바람직한가는 더 이상 이야기하지 않겠다. 다시 한번 부동산개발 공기업의 공공성과 공익성을 생각해 본다.

포용도시 경기도 2024.7.19.

　포용도시(inclusive city)의 유래는 흔히 신자유주의와 개발도상국의 불균등한 발전과 연관되어 있다고 한다. 선진국의 경우 1970년대 말 경제침체와 재정위기로 그동안 시행해 오던 복지정책을 줄이고 재정지출을 축소하는 신자유주의가 등장했다. 이로 인해 복지정책의 보호를 받던 실업자, 비정규직, 빈곤층 등 도시빈민이 도시의 각종 보호를 받지 못하여 삶이 어려워지게 됐다.

　개발도상국에서는 부의 불균등한 발전으로 고소득층과 저소득층간의 격차가 벌어지며 도시가 제공하는 기회에 대한 사회적 배제(social exclusion)가 나타났고, 이러한 상황에서 포용도시 개념이 나왔다고 한다.

　즉 포용도시는 "모든 사람이 재산, 성별, 연령, 종교, 인종에 상관없이 도시가 제공하는 기회에 적극적으로 참여할 수 있는 있는 장소(UN Habitat)"를 일컫는다.

　한때 '평생직장'이라고 하여 대부분의 근로자는 회사에 입사를 하면 퇴직할 때까지 한 직장에서 일을 하는 경우가 많았으나, 언제부터인가 디지털 기술로 무장한 그룹이 나타나면서 본인이 능력만 있다면 언제든지 직장을 옮기게 되는 '평생직업'이 대세를 이루는 시대가 되었다.

 집, 도시를 말하다

유목민(nomad)은 초지를 찾아 계절별로 가축을 데리고 이동하면서 생활을 한다. 노트북 한 대만 가지고 세계 어디든지 이동하면서 생활하는 사람들을 유목민에 빗대어 디지털노마드(digital nomad)라고 칭한다. 세계여행 유튜버들도 그 예일 듯하다.

마찬가지로 현재 살고 있는 국가의 임금이 이웃한 나라의 임금보다 저임금이라면 자연스럽게 고임금 국가로 일자리를 찾아 이동하는 사람들도 일종의 잡노마드(job nomad)라고 할 수 있을 것이다.

해당 국가와 도시는 외국인 노동자들에게도 거주시민으로서 권리(civil right)와 human right를 보호해 주어야 한다. 참고로 시민권(citizenship)을 가지고 선거, 투표 등 공민권을 행사할 수 있는 권리는 (civic right)라고 한다.

외국인도 대중교통을 이용할 권리, 폭행을 당하지 않을 권리, 강도를 당하지 않을 권리, 절도를 당하지 않을 권리, 생명을 빼앗기지 않을 권리 등은 가지고 있는 것이다. 비록 그가 불법체류자라고 하더라도 동일하게 보호받아야 한다.

법무부 통계자료를 보니 우리나라 체류외국인이 245만 명이다. 이 중에 등록외국인은 135만이니 나머지 110만 명의 거소, 단기체류자 중에는 불법체류자도 많을 것이다. 체류목적은 다양하겠지만 많은 외국인들이 일자리를 찾아 우리나라로 들어왔다.

경기도에서는 지난 6월 24일 화성 리튬배터리 공장에서 화재가 발생하여 외국인 18명을 포함하여 총 23명의 근로자가 목숨을 잃었다. 그런데 언론에서 보도되는 기사의 양도 그렇지만 중요도도 크지 않게 다루어졌다. 만약에 그 23명이 전부 내국인이었다면 어땠을까 싶은 생각이 들었다.

사고 후 경기도는 청사에 조기를 내걸었고 경기도 공무원들이 유가족을 1대1로 매칭하고 면담하는 등 적극적으로 노력한 끝에 유가족과 부상자 등 피해자 31명 모두에게 긴급생계비를 지급했다. 사망자 23명 유족에게 550만 원, 중상자 2명에게 367만 원, 경상자 6명에게 183만 원의 긴급 생계비 총 1억 4,482만 원을 지급했다.

사적공간에서 일어난 사회적 참사에 대해 피해자와 유족에게 긴급생계안정 지원을 하는 것은 지방자치단체뿐 아니라 중앙정부에서도 유례가 없는 일이라고 한다.

경기도는 도청뿐만 아니라 산하기관의 모든 행사를 중지했다.

GH도 7월 1일 광교 신사옥으로 입주를 하면서 기념행사를 하려고 했으나 부득이 취소하고 경기도청에 마련된 합동분향소에 조문하는 것으로 갈음했다. 지자체나 국가가 관리하는 장소에서 일어난 대형사고가 아님에도 내국인뿐만 아니라 외국인노동자들까지 살뜰히 챙긴 것은 경기도가 포용도시임을 증명한 것이다.

최근 2년 사이에 있었던 우리가 잘 아는 2건의 사회적 참사로 대학생, 사회초년생, 아파트 환경미화원, 외국인 등 사회적 약자들이 참

사를 당했을 때 국가와 지방자치단체가 어떻게 대응했는지 곰곰이
생각해 볼 일이다.

　포용도시는 약자와의 동행, 매력도시 등 그럴싸한 구호로 만들어
지는 것이 아니라 평상시 또는 비상시에 실천하고 진심으로 약자를
감싸 안을 때 이루어지는 것이다. 포용도시 대한민국을 다시 기대해
본다.

기회도시 경기도 2024.11.3.

　빈곤층은 야망이 없으므로 가난에서 벗어날 수 없다고 믿는 사람들이 있다. 하지만 빈곤층에게 정말 없는 것은 기회이자 기회를 포착하는데 필요한 자원을 획득할 수 있는 정치적 힘이다. 빈곤층의 비극은 부적절한 탁아에서 시작해 초·중·고등학교를 거치면서 확산되므로 저소득층과 고소득층 아동의 학업성취도 차이도 점차 커진다.

　30년 전 소득 상위 10%와 하위 10% 가정의 아동이 SAT 유형의 시험에서 보인 평균점수 차이는 800점 만점에서 약 90점이었다. 2014년에 이르자 그 차이는 125점으로 벌어졌다**(p188, 로버트 라이시Robert B. Reich, 자본주의를 구하라saving capitalism)**.

　미국의 이야기이다. 위 문장에서 SAT를 '수학능력시험'으로 바꾼다면 남의 나라 이야기가 아니고 우리나라 이야기가 됨을 알 수 있다. 사실 빈곤층의 비극은 성장기 교육과정의 기회불균등에서부터 시작된다.

　영어유치원, 사립초등학교, 소득 수준에 따른 사교육시장의 참여 기회 불균등, 이로 인한 대학진학에 있어서의 불균등, 이어지는 사회 진출에 있어서의 불균등으로 빈곤의 대물림이 반복되는 것이다.

　이른바 개천에서 용 나던 시대는 지나갔다. 이러한 기회불균등으로 인한 사회갈등을 조금이이나마 해소하기 위해서는 '고른 기회의

집, 도시를 말하다

균등'이 그만큼 중요하다.

내 명함은 '경기주택도시공사 기회경제본부장'이라고 새겨져 있다. 처음보는 사람들에게 명함을 건네면 대부분의 사람들은 '기획'경제본부장으로 읽곤한다. 경기도의 슬로건이 '변화의 경기, 기회의 경기'이고 , '더 많은 기회, 더 고른 기회, 더 나은 기회를 강조하는 기회수도 경기도'라고 설명을 하면 그제서야 고개를 끄덕인다. 경기도에서는 고른 기회제공을 위한 많은 사업들을 하고 있다.

오늘은 내친김에 경기주택도시공사가 추진하고 있는 '기회경제' 사례를 소개하고자 한다.

지금 청년들에게는 취업난 만큼이나 어려운 '결혼난'과 '자녀출생난'이 있다. 이러한 문제의 근저에는 불안정한 주거문제가 그 핵심이 되는 경우가 많다. 얼마 전에도 언급했지만 자가를 소유하는 경우에 결혼률과 자녀출생률이 올라간다는 통계를 소개한 적이 있다. 이에 못지 않게 베이비붐세대에게는 100세시대 도래에 따른 노인돌봄 부담으로 인한 '노후난'이 있다.

경기주택도시공사는 생애주기별 소득분위별로 임대주택과 분양주택, 시니어타운을 선택할 수 있는 기회를 제공하고자 노력하고 있다. 초기부담을 줄이고 은퇴 후 안정적인 노후생활을 할 수 있도록

20년에 걸쳐 취득할 수 있는 '지분적립형 주택'을 2026년 선분양하고, 3기신도시 등에 1만여 세대를 확대 공급할 예정이다.

또 한가지 취업난만큼이나 어려운 '창업난'을 겪고 있는 젊은이들이 사용할 수 있도록 합리적인 가격의 공유오피스인 기회발전소를 운영하고 있다. GH가 건설하고 공급한 판교 소재의 지식산업센터인 〈기회비즈(GHbiz) - 판교글로벌비즈센터〉 1층의 잉여공간을 활용하여 민간업체(GARAGE)와 손잡고 운영하고 있다.

총 229석(고정석 129, 공유석 100석)으로 구성되어 있으며, 이제 막 사업을 시작하는 젊은이들과 스타트업들이 입주하여 내일의 유니콘을 꿈꾸고 있다. 여기에서 발생하는 수익을 활용하여 판교에 입주하고 있는 스타트업들이 실리콘 밸리에 가서 피칭할 수 있는 기회도 제공하고 있다.

이외에도 베이비붐 세대를 위해서는 합리적인 가격의 '공공시니어타운'을 건설하여 안심하고 의료돌봄과 노후돌봄을 받을 수 있도록 하여 '노후난'을 준비하고 있다. 대학입시와 취업을 준비하는 청소년과 젊은이들을 위한 공공이 제공하는 '기회스터디카페'도 준비 중이다.

"물고기를 주지 말고 물고기를 잡는 방법을 가르쳐라"라는 말이 있다. 모든 국민에게는 고른 기회를 제공해야 한다. 경기주택도시공사는 '주거난'뿐만 아니라 '공부난', '취업난', '결혼난', '자녀출생난', '창업난', '노후난' 등 일생에서 발생할 수 있는 모든 문제를 해결할 수 있는 다양한 기회를 제공하는 역할을 하고 있다.

지금 경기도는 기회가 넘쳐나고 있다.

지분적립형 주택 시대 2024.12.18.

2024년 12월 16일 경기도의회 도시환경위원회가 '광교 A17블록 지분적립형 주택 사업'을 공식적으로 승인함으로써 지분적립형 분양주택을 명실상부한 경기도의 대표 공공주택사업으로 추진할 수 있게 되었다.

「공공주택 특별법」에 이미 제도화되어 있으나 공급 선례가 없었고, 실행과정에서 발생할 수 있는 문제점들을 GH가 사전에 해소하고 이 사업을 선도적으로 추진함으로써 전 국민의 '자산복지' 시대를 앞당길 수 있게 된 것이다.

지분적립형 주택은 은 무주택 서민들의 소득 수준으로는 자가 매입이 어려운 현실과 최상위 소득계층과의 격차, 부동산 소유 여부에 따른 자산 격차로 인한 노후생활 빈곤 문제 등을 해소할 수 있는 맞춤형 주택 유형이다.

지분적립형 분양주택은 이러한 저소득계층이 분양가의 10%~25%만 최초 부담하여 선 입주하고 20년 동안 살면서 나머지 지분을 취득하여 온전한 내집을 마련하도록 되어 있다.

5년간 의무 거주하고 10년 후에는 시세대로 전매가 가능하다. 물론 전매한 경우에는 지분비율에 맞게 시세차익을 나누어 갖게 되고 양수인은 온전한 주택을 취득하게 되며 이때 지분적립 관계는 소멸

"

하게 된다.

이번에 승인 받은 곳은 광교택지개발지구의 마지막 사업지구인 A17블록으로 총 600호 중 지분적립 240호(59㎡), 공공분양 360호(84㎡)가 건립되게 된다.

2024년 10월 4일부터 18일까지 실시한 자체 온라인 설문 조사 결과 2,417명이 응답하여 청약 의향이 있다는 의견이 83.7%이고, 3기 신도시 등에 확대 도입하는 것에 대해서는 90.3%가 찬성을 보이는 등 반응이 뜨겁다.

또한 공공주택특별법에 공공분양주택의 유형으로 법제화되어 있어 다른 사업지구는 별도의 승인 절차 없이 지분적립주택을 도입할 수 있고, GH는 3기 신도시와 2.4대책지구 등에 1만여 세대의 경기도형 지분적립 분양주택을 공급할 예정이다.

지난해 9월 경기도의 공공주택 유형으로 지분적립 주택을 론칭한 후 제일 먼저 이슈화되었던 종부세 문제, 법인세 문제 대출문제 등을 순차적으로 해결해 나가고 있는 중이다.

종부세는 종합부동산세법 시행령이 개정(2024.2.29.)되어 부과 대상에서 제외되었고, 법인세와 재산세 문제도 시행령과 지방세특례제한법 등의 개정으로 해소될 전망이다. 또한 사업시행자 지분 사용료에 대한 담보대출도 관계기관에서 상품개발을 앞두고 있어 명실상부하게 저소득 청년과 신혼부부들이 적은 자금으로 내집마련의 꿈을 이룰 수 있는 상품으로 완성되어가고 있다.

자금 여력이 안 되는 청년과 저소득 신혼부부들에게 입주시 부담을 줄여주고 퇴직후 안락한 노후생활을 즐길 수 있는 여력을 주는 주택을 공급함으로써 주거 자산복지를 제공하게 된 것이다.

한동안 반값 아파트라고 우겨대던 토지임대부 주택이 임대주택도 아니고 그렇다고 분양주택이라고 하기에는 평생 토지임대료를 시세에 연동해서 부담해야 한다는 측면에서 문제가 있다는 점은 수차례 이야기 한 바 있다. 노후에 내집 팔아서 소위 '골드시티'에 입주하려면 토지임대부보다는 지분적립형 주택이 답이 되지 않을까 생각한다.

당초 지분적립형 주택은 후분양으로 공급하고자 했으나, 광고만 하고 언제 공급하냐는 국민들의 성화에 시범사업인 광교에서 26년말 선분양할 예정이다. 2025년부터는 정부에서도 지분적립형 주택을 청년·신혼부부를 위한 자산복지 수단으로 적극 활용한다는 이야기가 들려오고 있다.

주택정책은 어느 한 사람의 오기와 객기로 하는 것이라 아니라 시대정신에 부합해야 하고, 국민의 삶에 와닿아야 한다.

기회발전소 - 경기도형 공유오피스 2025.5.29.

　강남 어딘가를 지나다 세련된 벽면에 FastFive 글씨만 써 있는 간판을 보고 고급 유흥주점으로 생각했다. 그게 아니라는 것을 제2판교 테크노밸리 내의 지식산업센터인 '글로벌비즈센터'에 '경기도형 공유오피스'를 기획하면서 알았다. 나중에 알고 보니 WeWork, SparkPlus, Dream Plus, Garage 등 성업중인 공유오피스의 브랜드 종류가 30여 개가 넘었다.

　공유오피스(Shared Office 또는 코워킹 스페이스Coworking Space)는 여러 기업, 프리랜서, 스타트업 등이 하나의 공간을 공유하며 업무를 하는 유연한 사무실 모델이다. 기존의 전통적인 사무실과 달리 공용 공간, 회의실, 편의시설 등을 함께 사용하게 된다.

　당초 '글로벌비즈센터 업무동'의 1층 로비공간과 2층의 일부 공간은 공용부분이면서 유휴공간으로 되어 있었으나, GH가 이곳을 활용하여 저렴한 가격의 공유오피스 공간으로 탈바꿈시켰다.

　해당 사업을 위해 2023년 2월에 사업자 공모를 하여 8월에 사업자(Garage)를 선정하였고, 시설 공사를 8월 말 완료함과 동시에 입주하기 시작했다.

　이는 단순 공유오피스를 넘어, 수익금을 창업·성장의 기회로 변환하는 사업이다. 경기도형 코워킹스페이스의 민관협력 버전으로 경기도내 젊은창업가 및 스타트업이 혁신성장 기회를 펼칠 수 있는 공간이 되고 있다. 총 229석(고정석 129석, 공유석 100석)으로 1~6인실로 구성되어 있으며, 프리랜서부터 초기 창업기업 및 성장단계 기업까지 다양하게 입주하였다.

직원들의 공모를 통해 '기회'를 만들어내는 발전소라는 의미로 '기회발전소'라고 명명하여, 판교를 지나는 시민들로 하여금 호기심을 자극하게 하였고, 전체적인 공간구성은 마치 공항에 와있는 듯한 느낌을 주도록 인테리어를 하였다.

또한 1층과 2층 사이에는 100석 규모의 계단식 라운지를 구성하여 입주기업들로 하여금 세미나 또는 네트워킹 데이 등의 행사를 진행할 수 있도록 만들었다.

집, 도시를 말하다

　　민간의 운영노하우를 최대한 끌어내고, 공적 시너지를 극대화할 수 있도록 이미 민간시장에서는 건물주와 입주사 간에 임대차 계약 형식이 아닌 수익배분방식 등 다양한 형태의 계약이 이루어지고 있음을 고려하여 수익은 GH와 민간사업자가 5:5로 나누도록 하였다.

　　2023년 8월 개소 이후 4개월 만에 입주율 100%를 달성하였고, 입주문의 등 수요가 꾸준히 발생하고 있어 초기 창업가를 위한 기회를 확대하고자 스타터서비스 공간인 공유석을 증설(30석→100석)하였다.

　　라운지 공간 활성화를 위해 매월 1회 커뮤니티 프로그램인 G-ROUND(커뮤니티 및 네트워킹 프로그램)운영하고, 매분기 1회 네트워킹데이 행사 시행으로 제2판교내 오픈이노베이션 환경을 구축하여 '직(職)'뿐 아니라 '락(樂)' 도입으로 제2판교 활성화에 큰 역할을 하고 있다.

발생된 수익을 가지고 판교 스타트업 기업에게 해외 진출 발판을 마련하고 시장개척 지원을 위한 현지 투자 밀집 지역 방문 및 글로벌 피칭 기회를 제공하는 GH베이스캠프를 2024년 6월 2일부터 14일까지 미국 실리콘밸리에서 진행하였다. 제1, 2판교 입주기업 중 글로벌 진출 희망 5개사 선정하여 기회서비스(항공·숙박·이동·식사)를 지원했고, 2025년 6월 제2차 GH베이스캠프를 시행했다.

판교 GH기회발전소 오픈 2주년을 맞이하여 2년 동안의 성과를 토대로 향후 경기주택도시공사가 건설하는 모든 지식산업센터의 1층에는 '경기도형 공유오피스'를 설치할 계획을 가지고 있다.

'GH기회발전소_판교'에 이어 'GH기회발전소_광교', 'GH기회발전소_고양', 'GH기회발전소_안양', 'GH기회발전소_광명' 등을 오픈하여 앞으로 경기도의 젊은이들에게 '기회'를 제공하는 공간이 지속적으로 늘어나게 할 예정이다. GH기회발전소는 스타트업 및 젊은 창업가를 위한 공간 제공을 넘어 각종 성장의 기회를 제공하는 창업 인큐베이팅 역할을 더욱 더 강화할 예정이다.

기회는 하늘에서 떨어지거나 청년들의 열정페이로 만들 수 있는 것은 아니다. 공공이 그 기회를 만들어 내기 위한 공간을 만들고 그들로 하여금 맘껏 날개를 펼칠 수 있게 해주는 것이 매우 중요하다.

   집, 도시를 말하다

공간복지홈 2025.7.11.

경기도 남양주시 다산 포레스트 2단지에는 지난 6월 27일 '공간복지홈'이라는 색다른 공간이 생겨났다. 공공임대주택 내 미임대되거나 미분양된 유휴공간을 리모델링해 조성한 복합 커뮤니티 거점공간으로, 주민들이 함께 식사하고 소통하며 다양한 활동을 통해 지역공동체의 삶의 질 향상에 기여하는 공간복지 모델이다.

다산 포레스트 2단지는 고령자복지주택 116호 포함 총 928가구의 공공임대주택 단지이지만 주변에는 3,600여 세대의 분양아파트도 공존하고 있다.

'공간복지홈'은 식사·휴게공간, 판매 공간, 모임 특화 공간, 주민체험공간, 옥상정원 등으로 구성돼 있다. '다산38국수'는 3,800원의 저렴한 가격으로 식사를 제공하며, '오늘도가게'는 입주민이 오픈채팅을 통해 반찬과 생필품 등을 공동구매할 수 있도록 마련된 공유공간이다.

공간복지홈 사업은 GH가 사회적기업, 협동조합 등을 대상으로 외부 사업자를 공개 모집해 운영한다. 선정된 사업자는 2년 계약에 최장 10년 동안 운영하며, 단지 내 주민과 마을 주민들이 함께 어울리는 지속 가능한 공간이 되었다. 죽어있는 공간을 사람이 모이게 할 수 있는 장소로 탈바꿈한 것이다.

　사람이 자원이다. 사람이 많이 온다는 것은 많은 이벤트가 형성되고 그 만큼 중심적인 '장소성'을 구축할 가능성이 많다는 것을 의미한다. 건축가들이 아무리 무대를 만들고 연출을 하려고 해도 사람이 오지 않으면 그 공간은 죽은 공간이다. 결국에는 사람이 공간을 완성하기 때문이다(유현준, 도시는 무엇으로 사는가. 2018, p274).

　결국 우리가 만들어야 하는 것은 건축물이 아니라 장소이다. 장소가 만들어지려면 사람이 모여야 하고, 그러기 위해서 사람이 모일 목적지가 될 만한 가게나 랜드마크 건물이 필요하고, 사람이 정주할 식당이나 카페가 필요한 것이다(유현준, 도시는 무엇으로 사는가. 2018, p280).

　　　　　　　　　　　　　　　　　　　　　집, 도시를 말하다

임대아파트 단지에 조성된 공간복지홈이 가지는 의미는 마이클 샌들이 이야기한 다음 문장으로 갈음하고자 한다.

시민사회에서 여러 계층이 섞이는 기관들은 갈수록 감소하고, 부자들과 가난한 이들이 평소 살아가면서 마주칠 일도 점점 더 줄어들고 있다. 우리는 공유하는 삶을 위한 시민적 인프라스트럭처를 건설해야 한다. 건강 클리닉이나 대중교통에서든, 공원이나 휴양장소에서든, 지역 자치 시설이나 공공 도서관에서든, 아니면 스포츠 경기장에서라도 사람들이 우연히 마주칠 수 있게 해야 한다.

이처럼 서로 다른 계층이 무심코 어우러지게 하면 우리에게 공유성을 되새기게 하는 습관과 태도, 기질을 만들어낼 수 있다. 따라서 더 평등한 사회를 만들어 내기 위한 어떤 프로젝트에도 이런일이 포함되어야 한다. 우리는 각계 각층의 사람들을 모으고 상호 책임감과 소속감을 배양할 공공장소와 공동의 공간을 만들어야 한다(Michale J. Sandal & Thomas Pikkety, 기울어진 평등 2025, p102).

확산에서 집중과 컴팩트시티로 2024.5.16.

　1990년대 직장생활을 시작한 나는 한동안 경기도 시흥에서 강남 개포동까지 마을버스와 지하철을 이용해서 거의 왕복 4시간 통근했었다. 그땐 서울에 내집을 마련할 능력이 안되니 교외지역 도시에 조그만 아파트에 살면서 10년 가까이 통근한 기억이 있다. 그러나 요즘 젊은이들 중에 출퇴근을 4시간에 걸쳐 하라고 하면 대번에 손사래치며 회사 근처로 좀 비싼 월세라도 당장 집을 옮길 것이다.

　미국에서는 1950~1960년대 성숙한 도시 주변인 교외지역에 주택을 건설해서 노동자와 중산층에게 공급함으로써 어메리칸 드림을 이루게 했다. 이러한 교외지역 개발은 도시에 지하철, 터널, 고층빌딩을 건설하는 것에 비하여 매우 저렴한 개발방식이었다.

　이는 1930년대 케인즈 부양이나 2차대전 때의 대규모 동원활동보다 미국 경제성장의 황금기를 만들었다고 한다.

　하지만 오늘날 이러한 교외지역은 도시화한 지식경제의 수요에 부합되지 않아 부유하고 학력이 높은 백인들은 도시로 돌아가고 있고, 이민자, 소수인종, 가난한 사람들이 교외지역으로 향하고 있다고 한다. 교외지역은 더 이상 아메리칸 드림의 절정이나 경제성장 엔진도 아니며 슬럼화되고 있다고 한다.

　그러면서 이제는 더이상 확산이 아닌 집중이 필요한 때이고, 교외

지역의 위기를 극복하기 위해서는 더 밀집되고, 도시화되고, 토지이용이 더 복합적이고 대중교통으로 도심지역과 연결되어야 한다고 말하고 있다(리처드 플로리다, The new urban crisis, 도시는 왜 불평등한가?).

현대 자본주의 도시의 선배 격인 미국 사례를 보면서 문득 우리에게 닥쳐올 도시의 위기가 아닐까 싶은 생각이 들었다. 공교롭게도 천당 아래 분당이라던 분당의 집값이 2020년을 전후로 마포구, 성동구 등에 역전당하는 자료들을 어렵지 않게 찾을 수 있었다.

물론 재개발로 신축아파트가 많이 들어선 이유도 있겠지만 사람들이 일자리 주변 도심으로 모여드는 영향도 클 것이다. 우리의 신도시들과 미국의 교외지역을 동일하게 놓고 보는 것이 논리의 비약이지만 현대적 의미의 지식경제 일자리 주변부로 많은 주택이 필요한 것은 마찬가지일 것이다.

30년이 넘은 우리의 노후 계획도시들도 단순한 주거의 개량을 통한 재건축으로 끝나서는 안 된다. 그렇게 되지 않으면 20~30년 뒤에는 진짜 미국의 교외지역처럼 될지도 모른다.

마찬가지로 지식화된 도시는 비용이 좀 들더라도 토지이용의 효용을 높이고, 복합화·고밀화·집중화된 컴팩트시티(compact city)를 통한 공공주택을 많이 공급하여야 할 것이다.

더 이상 서울을 비롯한 도심지의 주거 문제를 해결하기 위해 쉽고 싼 방법으로 논과 밭을 갈아엎지는 말아야 한다.

공간복지와 AIP, AIC 2025.3.16.

대부분의 사람들은 현재 살고 있는 집에 특별히 문제가 없다면 계속 거주하고 싶어한다. 그 주택이 자가건 임대건 계속 거주하면서 익숙해지는 이웃 사람들과 종종 다니던 산책길, 편의점, 하다못해 남들은 별로 중요하지 않다고 생각하는 사소한 곳이라도 소중하게 생각하는 환경이 있다면 더욱 그렇게 된다.

이처럼 사람들이 살던 곳에서 나이 들어 가길 원하는 것을 AIP(Aging in Place)라 하고, 더 나아가 익숙한 주변환경과 이웃들인 공동체사회에서 나이들어 가는 것을 AIC(Aging in Community)라고 한다.

하지만 생활의 트렌드가 변하고 나이가 들어가게 됨에 따라 세대별로 필요한 공간이 새롭게 등장하고 그러한 공간을 찾아 다니게 되고 주변에 그러한 공간이 생길 기미가 보이지 않게 되면 여유가 있는 사람들은 아쉽지만 살던 곳을 떠나게 된다.

그렇게 사람들이 떠나고 남은 마을은 점차 슬럼화가 되거나 자본이 밀고 들어와 재개발이 되어 그나마 저렴주택 제공 역할을 하던 저밀도 주택단지들은 사라지고 그 마을의 추억과 기억은 흔적조차 없어지게 된다.

만약 살던 마을에 세대별로 필요한 공간들이 들어선다면 그러한 공간들을 찾아 이사를 다닐 필요가 없고, 내가 살고 있는 정든 집, 마을에서 여생을 보낼 수 있게 될 것이고 슬럼화도 되지 않게 될 것이다. 이러한 공간들을 통해 주민의 삶의 질을 높이고 슬럼화를 방지하는 것을 '공간복지'라고 한다.

대표적인 것이 유치원, 경로당을 예로 들 수 있다. 이처럼 그동안 이러한 공간복지가 유아와 고령자에 치우쳐 있었으나 경제력의 규모가 커지고 삶의 방식이 변함에 따라 필요한 '공간복지시설(생활SOC)'도 바뀌게 된다.

자동차의 증가에 따른 주차장 확보문제, 카페를 독서실로 사용하는 젊은이들을 위한 '공공카페', 주민들위한 커뮤니티시설, 공공헬스장, 고령화사회가 도래함에 따른 공공보건소, 공공 병·의원 등이 그 예이다.

진정한 의미의 AIP, AIC 환경을 조성하는 것은 살고 있는 마을에 '공간복지'를 구현하는 것이지 강원도 어디에 '골드시티'를 조성해서 이사 가라고 한다고 되는 것이 아니다.

정책과 제품을 '구글'에서 찾아보면 '공공문제를 해결하거나 어떤 목표를 달성하기 위하여 정부나 지방자치단체, 공공기관이 결정한 행동방침', 제품은 '물성을 가진 재화로 생각하기 쉬우며, 비용을 지불해서 소유권을 가질 수 있는 것들'로 정의되어 있다.

정책홍보는 "국가나 지자체 등의 공공기관에서 추진하는 정책을 주민에게 투명하게 알리고 주민 여론을 수렴함으로써 정책을 성공적으로 추진하여 성과를 얻을 수 있도록 하는 노력"이라고 한다.

우선, 정책 홍보는 정책을 수요자에게 알리고 여론을 수렴함으로써 정책을 성공적으로 추진하는 활동을 의미한다. 궁극적으로는 국민과의 관계를 원활히 하고 신뢰와 협력을 이끌어내는 소통의 과정이다. 반면, 제품 홍보는 기업의 브랜드나 제품의 이미지를 긍정적으로 구축하고 유지하며, 대중의 관심을 끌어내어 이미지를 개선하는 데 초점을 맞춘 활동이다.

타깃을 만나는 접점에서도 차이가 나타난다. 정책 홍보가 '정책 브랜드'를 매개로 공공의 서비스와 정책 소비자를 연결한다면, 제품 홍보는 민간기업의 '제품 브랜드'를 통해 일반 소비자와 만난다.

즉, 정책 홍보는 공익적 신뢰를 바탕으로 한 소통인 반면, 제품 홍보는 시장 내 경쟁력을 확보하기 위한 이미지 전략이라는 점에서 그 궤를 달리한다.

뜬금없이 정책의 정의와 홍보의 차이를 논하는 것에 의아해할 수도 있다. 하지만 이는 최근 경기도의 핵심 주거정책인 '지분적립형 주택' 시범사업(광교 A17블록)이 도의회에서 부결된 상황과 깊은 연관이 있다. 당시 반대 토론에 나선 의원은 장황한 설명 끝에 두 가지 핵심 이유를 들었다. 하나는 비용편익비율(B/C)이 1 이하라는 점이었고, 다른 하나는 도의회 의결 전임에도 홍보비를 지출한 것은 절차상 문제가 있다는 지적이었다.

길게 반론을 펴면 또 다른 논란을 불러일으킬 것 같아 간단하게 이야기하고자 한다.

첫 번째, 사업의 타당성을 판단하는 데는 재무적 타당성과 경제적 타당성 두가지 방법으로 나눈다. 보통 재무적 타당성은 개별 사업 자체의 현금 흐름을 기준으로 수익여부를 판단하고 경제적 타당성은 국가 전체적 또는 사회적 입장에서 사회적 편익을 기준으로 판단하는 지표를 이용한다.

그래서 재무적 타당성은 '수익(profit)'이라는 용어를 사용해서 PI(수익성지표)지표를, 경제적 타당성은 '편익(benefit)'이라는 용어를 사용하여 B/C를 지표로 판단한다.

이에 따라 대부분의 공익사업에서 PI는 그래도 1에 근접하거나 1을 초과하게 되나 B/C는 대부분의 경우 1에 훨씬 못 미치게 나올 수밖에 없는 이유이기도 하다.

즉 개별사업 자체의 수익은 있을 수 있지만 이 사업이 국가적, 사회적 편익으로 볼 때는 발생하는 모든 비용이 편익보다 높게 나올 수 있다는 의미이다. 참고로 광교A17블록의 PI는 0.99이고 B/C는 0.67이다. 따라서 비용편익지표(B/C)만 가지고 사업 타당성을 판단한다면 대부분의 공익사업은 추진을 할 수 없게 된다.

두 번째, GH는 한번도 광교 A17 지분적립형 주택을 분양하니 청약하라고 홍보한 적이 없다. 즉 A17블록 아파트에 대한 제품홍보를 한 적이 없다는 뜻이다. 이미 공공주택특별법에서 제도화 되어 있는 지분적립 주택이라는 정책을 경기도의 대표적인 주거정책으로 알리는 정책홍보를 했을 뿐이다.

이는 서울시에서 토지임대부 주택을 건물만 분양 또는 '백년주택'이라는 정책 브랜드로 홍보한 것과 마찬가지이다.

이미 법제화된 '지분적립형 주택'은 3기 신도시나 2.4 대책 지구 등 국토부가 지정한 공공주택지구에서는 의회 의결 없이 공급이 가능하다. 하지만 광교 A17 블록은 상황이 달랐다. 당초 '공공지원형 민간임대' 방식으로 도의회 의결을 받아 추진 중이었으나, 종부세 부담 등 세제 문제로 사업이 지지부진해지자 지분적립형으로 방식을 변경하게 된 것이다. 사업의 성격 자체가 바뀌었기 때문에 도의회의

재의결 절차가 필수적이었다.

　중산층을 타깃으로 한 '공공지원형 민간임대'는 무주택 입주 자격 요건은 물론, 최근 주택가격 급등에 따른 종합부동산세 부담 등 해결해야 할 난제가 산적해 사업 속도를 내기 어려운 실정이었다.

　이에 따라 중산층 대상의 임대 방식보다는, 청년과 신혼부부 등 저소득 계층이 내 집 마련을 통해 실질적인 자산을 형성할 수 있도록 돕는 '자산 복지'로 정책의 방향을 틀었다. 그 구체적인 대안으로 이미 제도적 기반이 마련된 '지분적립형 주택'을 본격적으로 추진하게 된 것이다.

　GH가 지분적립형 주택 정책을 적극적으로 홍보한 결과, 이 모델은 그동안 '반값 아파트'라 불리던 토지임대부 주택보다 더 실효성 있는 자산 형성 및 주거복지 수단으로 국민들에게 각인되었다.

　특히 실거주자들이 체감하는 주거 안정성이 높다는 사실이 알려지며 많은 국민의 호응을 얻었고, 언론에서도 긍정적인 평가가 잇따랐다. 이에 정부에서도 지분적립형 주택의 확대 공급에 큰 관심을 보이며, 현장의 실무를 담당하는 GH에 정책 추진 시 해결해야 할 구체적인 과제와 보완점 등을 자문해 오기도 했다.

　그 결과 정부에서는 종합부동산세법 시행령을 개정(2024.2.29)하여 공사 보유지분에 대한 종부세를 면제하였고, 지방세 특례제한법을 개정(2024.12.26)하여 재산세를 감면조치하였다.

올해 발표한 2025년도 정부 경제정책 방향(2025.1.2)에서는 청년특별공급 조항 신설과 법인세 중과 배제를 천명함으로써 정책홍보 효과를 거둘 수가 있었다.

이처럼 지분적립형 주택에 대한 이슈 선점을 경기도가 하게 됨으로써 김동연 지사의 대표적인 주거정책으로 국민에게 각인되게 되었고, 언론에서도 김동연표 주거정책으로 지분적립형 주택을 보도하고 있는 실정이다.

정부에서 법제화한 지분적립 주택정책을 구체화 하기 위해 GH는 여의도로, 세종시로 뛰어다녔고 이젠 임대주택과 분양주택의 사이에 있는 또 다른 주택 유형으로 지분적립 주택이 자리잡게 하는데 각고의 노력을 한 것이다.

이제 완성된 김동연표 지분적립주택인 '적금주택'이 시범사업부터 좌초됨으로써 토지임대부 주택을 폐기하고 지분적립 주택을 도입하려는 움직임이 있는 서울시가 먼저 지분적립 주택을 공급하게 될지도 모르는 상황이 되었다.

어쩌면 김동연표 주택정책이 오세훈표 주택정책으로 둔갑할 지도 모를 일이다.

제3부

쇠퇴도시 서울

제3부

쇠퇴도시 서울

'직접시공제' 확대와 '약자와의 동행' 2024.2.26.

「건설산업기본법」은 70억 원 미만 공사에 대해서만 도급 금액에 따라 직접시공 의무 비율(10~50%)을 규정할 뿐, 70억 원 이상의 대규모 공사에는 별도의 의무 비율이 없다. 직접시공이란 수급인이 자기 인력과 장비를 투입해 직영으로 공사하는 것을 의미하며, 이 비율이 높아질수록 인건비와 자재비 등 건설 원가는 상승할 수밖에 없다.

흔히 하도급을 불법으로 오해하기도 하지만, 이는 관련 법이 인정하는 합법적 계약 방식이다. 다수의 세부 공정이 얽힌 건설 현장에서 한 업체가 모든 공정을 수행하기는 현실적으로 어렵다.

따라서 시공 효율화를 위해 공종별 하도급은 필수적이며, 기업은 이를 통해 고정비용을 절감하며 유연하게 사업을 운영한다.

70억 원 이상의 대형 공사는 대부분 중견 건설사 이상이 수주하며, 소규모 사업자는 입찰 기회조차 얻기 힘들다. 이들이 공사에 참여할 수 있는 통로는 하도급인데, 직접시공 비율이 강제로 높아지면 소규모 사업자와 건설 근로자들의 일자리는 상대적으로 줄어들게 된다.

정작 문제는 적법한 하도급이 아니라 원칙적으로 금지된 '불법 재하도급'이다. 불법 재하도급의 폐단을 막겠다고 원수급자인 대형 건설사의 직접시공 비율을 높이는 것은 빈대 잡으려다 초가삼간 태우는 격이자, 오히려 '강자와의 동행'을 선택하는 꼴이다.

발주자와 원수급자가 법령에 따라 하도급 관리를 엄격히 한다면 공사 품질과 안전은 충분히 확보할 수 있다. 직접시공제의 과도한 확대는 대형 건설사의 이익만 늘리고 분양가 상승을 압박할 뿐이다. 진정 건설 현장에서 '약자와의 동행'이 무엇인지 다시 한번 깊이 고민해 보아야 한다.

한강의 '리버버스'가 성공하려면 2024.2.28.

"♪하늘엔 조각구름 떠 있고 강물엔 유람선이 떠 있고♬♪…."

1983년, 전두환 정부의 서슬 퍼런 공포정치 속에서 발표된 건전가요 '아! 대한민국'은 국민에게 행복을 강요했다. 이에 발맞추듯 1986년 한강 유람선이 떴고, 2007년에는 '한강 르네상스'라는 구호 아래 하루 2만 명의 수요를 호언장담하며 수상택시가 도입됐다.

그러나 지금까지 수상택시 이용객이 하루 10명을 넘었다는 기록은 찾아보기 힘들다.

그로부터 10여 년이 지난 지금, 다시 '그레이트 한강'이라는 이름으로 통근용 리버버스가 등장했다. 연간 이용객 250만 명, 하루 평균 6,800명이 이용할 것이라는 예측은 과거 수상택시만큼이나 '그레이트'하다. 이쯤 되면 한강을 괴롭혀도 너무 괴롭히는 격이다. 주거복지 공기업까지 동원해 그레이트 한강 대개발로 1986년 이후 멈춰있던 한강을 서울시민 품에 돌려주겠다고 공언한다. 얼마전엔 3기신도시에 짝퉁 토지임대부 주택을 반값으로 건설할 테니 땅 내놓으라고 하더니, 이제는 한강 난개발을 추진하고 있다.

주거복지 공기업까지 동원해 그레이트 한강 대개발로 1986년 이후 멈춰있던 한강을 서울시민 품에 돌려주겠다고 공언한다. 얼마전엔 3기신도시에 짝퉁 토지임대부 주택을 반값으로 건설할테니 땅 내놓으라고 하더니, 이제는 한강 난개발을 추진하고 있다.

첫째, 일자리를 대량으로 만들기 위해 수상오피스 건물로 선착장 주변 한강을 뒤덮길 바란다.

두 번째는 인근 지하철역에서 선착장으로 향하는 환승 지하철 지선을 건설하길 바란다.

세 번째는 이용객이 가장 적을 시간인 출퇴근 시간에는 무료로 하길 권한다. 집(회사)→지하철 또는 버스→선착장 리버버스→지하철 또는 버스→회사(집)의 코스를 이용하기 보다는 좀 돌더라도 지하철이나 버스에 앉아 졸고가는 출근길이 더 행복하다.

마지막으로 이참에 유람선 회사를 폐업시키고 리버버스를 통근용이 아닌 관광용으로 활용하길 권한다.

이러한 성공조건들을 이행할 자신이 없다면 제발 한강을 그냥 내버려 두길 바란다. 한강은 한 번도 멈춘 적이 없으며, 단 한 순간도 시민의 곁을 떠난 적이 없다.

리버시티 말고 토지임대부 주택 2024.5.18.

내가 리버버스가 성공하기 위한 4가지 조건을 내세웠었는데 실행화되고 있다. 그 중에 선착장 주변에 대규모 오피스가 없으면 버스 → 지하철 → 버스로 환승해야 하는 불편 때문에 이용률이 떨어지니 수상 오피스를 건설해야 성공 가능하다고 한 적이 있다.

설마 내 글을 보고 리버시티 프로젝트를 추진하진 않겠지만 큰일이다. 눈에 보이는 큰 걸 한 방 터트려야 된다는 강박증이 막장으로 달려가고 있는 것 같다.

말인즉슨 한강에 수상호텔과 수상오피스를 띄워 '한강수상시대'를 열고 연 9,260억 원의 경제효과를 창출하겠다는 계획인데 그 경제효과가 부의 경제효과가 아니길 소망할 뿐이다.

2년 뒤 진심으로 큰일을 하겠다면 소리소문없이 발목을 잡을 토지임대부 주택부터 챙기라고 조언드리고 싶다. 2022년말과 2023년에 사전예약한 토지임대부 주택의 분양가와 토지임대료 인상 방지를 위해 예산을 지원하는 것이 더 효율적일 것이다. 예약 때 공시된 분양가와 토지임대료로는 본청약시 동일 금액으로 공급하는 것이 현실적으로 불가능하여 사전예약자들의 민란이 일어날지도 모른다.

사전예약시 고시된 고덕강일3단지 59㎡ 분양가 3억 6,000만 원. 토지임대료 40만 원('22.12) / 마곡지구 10-2단지 59㎡ 분양가 3억 1,100만 원, 토지임대료 70만 원('23.10)이다. 인건비, 자재비 등 건설원가는 상승하고 토지임대료는 조성원가에서 감정가격으로 산정하게 법령이 개정되어있는데 담당 실무자들이 사전예약시 고시된 가격으로 공급한다면 각종 감사에 시달리고 어쩌면 배임으로 고발당할지도 모른다.

큰 꿈을 꾸고 있다면 리버시티 말고 벌려놓은 토지임대부의 분양가와 토지임대료를 어떻게 수습할 것인지부터 고민해야 한다.

서울특별시 강남N구 2024.3.7.

　느닷없이 김포시를 서울시에 편입시켜 서울을 메가시티로 해야 한다고 하니 구리, 하남, 과천 등에서도 서울로 편입시켜달라고 아우성이다. 정치의 계절이다. 메가시티를 인터넷에서 찾아보았다.

　1,000만 명 이상의 인구로 구성된 도심 및 외곽으로 물리적 정의를 내린다. 학술적으로는 메가시티(초광역권)는 행정구역은 구분되어 있으나, 일상생활 또는 경제활동이 기능적으로 연계되어 있는 공간집적체를 의미한다고도 한다.

　서울을 기준으로 보면 서울과 경기도가 이미 메가시티인 것이다. 그리고 보면 메가시티가 배타적 의미를 가지고 있어 서울에 편입되어야만 메가시티인 것도 아니고 그 도시의 경쟁력이나 위상을 평가하는 개념도 아닌 것이다. 영어에 citizen과 civil이라는 단어가 있다. 둘 다 '시민' 또는 '시민의' 쯤으로 번역된다.

　그러나 전자는 시민권이 있는 시민, 즉 우리로 보면 주민등록이 되어 있는 시민을 의미하고 후자는 업무상 또는 여러가지 사유로 해당 도시에서 거주하거나 생활하는 시민으로 '디지털유목민'처럼 이동이 잦은 사람들도 해당된다.

　현대적 의미의 시민 개념이다. citizenship이냐 civil right이냐의 차이일 뿐 다 같은 시민권이 있다.

즉, 서울에 살아도 서울시민, 서울에서 일을 해도 서울시민인 것
이고, 서울에서 머물러도 서울시민인 것이다. 경기도민도 같은 개념
으로 경기도에서 일을 하고 머물러도 경기도민이다.

어느 도시에서건 그 도시의 대중교통을 이용할 권리가 있고, 강도
로부터 보호받을 권리도 있고, 해당 행정구역의 법규를 준수할 의무
도 있다. 다 같은 시민권을 가지고 있기 때문에 어디서 사느냐가 중요
한 게 아니라 어디에 지금 머무르고 있느냐가 중요한 것이다.

김포시민이라고 서울에 들어올 때 검문을 받는 것도 아니고 서울
시민이 김포로 간다고 누가 막는 것도 없다. 진정한 의미의 메가시티
는 면적을 넓히는 것이 아니라 창조적인 사람이 모여들고, 자연스럽게
일자리가 넘쳐나는 그러한 어메니티를 갖추어 도시의 경쟁력과 위상
을 높이는 것이다. 그래야 세계적인 메가시티 서울이 되는 것이다.

그러나 지금의 메가시티는 인위적이고 서울로 편입되면 땅값도
집값도 오를 거라는 기대 때문에 논의되고 있다. 오히려 서울로 편입
되면 각종 세금혜택, 대입 농어촌특례 등 시민들의 입장에선 별로 좋
아질 것도 없다고 한다.

해당도시의 주민이 서울시민이 되고 싶은 것이 아니라 땅이 집이
건물이 서울이 되고 싶어하는 것이다.

그러지 말고 강남구가 되면 집값도 땅값도 더 올라갈지 모르니

집, 도시를 말하다

이참에 서울로 편입시킬거면 서울특별시 강남2구, 강남3구, 강남4구.....강남N구로 행정구역명도 바꾸는 건 어떨까?

※ 당시 국회의원 선거(2022.4.10)를 앞두고 나온 서울편입공약을 비판한 글이다.

부동산 공기업의 임대아파트 추정 현재 시세 공개 2024.3.9.

대한민국은 부동산 불패 공화국이다. 최근 2년여간 다섯 차례에 걸쳐 자사 보유 부동산 시세를 공개한 어느 지방 공기업의 자료가 이를 방증한다. 보도자료의 요지는 취득가 대비 시세가 3배 올랐으며, 특정 지구의 개발이익은 예상보다 5배나 급증했다는 것이다.

공기업은 시민의 알권리와 투명 경영을 명분으로 내세웠으나, 그 이면의 부작용은 가볍지 않다.

우선 해당 임대아파트 임차인들은 거주 중인 집값이 폭등했다는 사실에 큰 상대적 박탈감을 느낀다. 이는 마치 비싼 아파트에 살고 있으니 불평 없이 감사하며 살라는 무언의 압박처럼 다가온다.

또한, 일반 시민들에게는 "역시 투자는 부동산"이라는 인식을 재확인시켜 부동산 불패 신화를 공고히 하는 역효과를 낳았다.

당장 매각할 수도 없는 장기전세나 공공임대 아파트의 추정 시세를 굳이 공개해야 하는지도 의문이다. 장부가액이나 공시가격 정도면 충분할 정보를 추정 시세로 발표하는 것은 기획부동산 사기꾼들에게 범죄의 기준가격을 제공하는 꼴이며, 공인중개업소에는 인근 아파트의 최저 매매가 기준을 제공하는 역할을 했다.

공공기관이 공개하는 정보는 시민의 알권리를 충족하고 투명하고 열린 경영도 좋지만 공개했을 때의 부작용도 고려해서 증명할 수 있는 자료만 공개해야 한다. 그래야 그 자료가 공신력을 갖게 된다. 또 공개할 부동산이 남아 있는지 모르겠지만 거래사례도 없는 임대아파트의 추정시세 공개는 제발 여기서 멈추어주길 바란다.

부동산시세 정보제공업체도 아닌 천 만 서울시민의 주거복지공기업이 할 일은 아니다. 천 만 시민은 임대아파트의 추정된 현재 시세까지 알고 싶지 않다.

※ 당시 SH에서는 보유하고 있는 임대아파트의 시세를 추정해서 공개하고 있었다.

베네치아 수상버스 그리고 한강의 리버버스 2024.6.6.

베네치아는 이탈리아의 북부 해안에 118개의 섬으로 이루어진 '물의 도시'이다. 많은 섬들은 크고 작은 다리로 이어져 있고, 마치 도로처럼 수로가 곳곳에 뻗어 있어, 이 곳의 주된 교통수단은 옛부터 곤돌라로 상징되는 수상교통이 발달할 수밖에 없었다.

1987년 유네스코에 의해 세계문화유산으로 지정되었고, 관광객이 1년에 3천만 명이니 하루 평균 약 8만 2,000명이 방문한다. 20개가 넘는 수상버스 노선과 수상택시, 곤돌라가 있어 그야말로 수상교통의 천국이다.

자연환경적 요인과 관광 수요가 맞물려 발달하게된 수상버스는 1대당 300~500명을 실어 나르며 구석구석을 누비고 있다.

베네치아의 수상 교통이 발달한 배경에는 선착장이 일종의 역세권 기능을 하기 때문이다. 인근에 카페와 호텔, 상가, 주거지가 긴밀하게 연결되어 있어, 배에서 내린 뒤 모든 시설을 걸어서 이동할 수 있다.

즉, 선착장에서 연결교통이 별도로 필요하지 않고, 대체 교통수단도 존재하지 않는다. 이와 같이 대중교통은 수요에 의해서 만들어져야 그 본래의 역할을 한다. 치적을 쌓기 위해 매우 훌륭한 리버버스(수상버스)를 만들어 한강에 띄운다고 해서 수상버스가 활성화되지 않는다

는 뜻이다. 베네치아 시장이 멀쩡한 수상버스 놔두고 지하철을 건설
하겠다고 하면 시민들이 뭐라고 할 지 궁금하다.

서울 구석구석 갈 수 있는 대중교통 수단인 버스와 지하철을 놔두
고 수상버스를 논한다는 것이 넌센스다. 베네치아에는 대중교통 버
스와 지하철이 필요없다. 마찬가지로 서울엔 대중교통용 수상버스가
필요없다.

한강 수상버스를 도입하기전 반드시 베네치아 수상버스를 이용해
보길 권한다. 가서 직접 타보면 우리의 한강과 베네치아 수로 여건이
얼마나 다른지 알게 될 것이다. 누구 말처럼 현장에 답이 있다.

지역사회권과 강남 보금자리 LH3단지 2024.7.5.

　디자인 특화 지구로 지정된 강남 보금자리주택지구 3블록에는 2013년 입주한 848세대의 국민임대주택이 있다. 이곳은 입주 당시 파격적인 외관과 더불어 실내가 훤히 들여다보이는 투명 유리 현관문으로 큰 논란이 되었다.

　일본의 세계적인 건축가 야마모토 리켄이 국제현상설계공모를 통해 '이웃과의 소통'을 테마로 설계한 작품이었으나, 거주자의 현실은 가혹했다.

　사생활 침해는 물론, 겨울철이면 심각한 결로와 추위가 입주민들을 괴롭혔다. 망사 형태로 뚫린 복도는 비바람과 눈이 그대로 들이쳐 겨울엔 바닥이 얼어붙기 일쑤였다. 주민들은 매일 아침 벽지와 현관의 물기를 닦고 곰팡이를 제거해야 하는 고통을 호소했고, 민원이 빗발치자 LH는 투명 문을 가릴 블라인드를 무료로 지급하는 촌극을 빚기도 했다.

　이 주택을 설계한 야마모토 리켄은 공간 공유를 통해 새로운 상호관계를 형성하는 '지역사회권' 개념을 주장한다. 지역사회권은 주택이 단순한 소비단위가 아니고 지역 내부에서 작은 경제권이 성립될 수 있게 계획하고, 전체적인 상부상조를 강조한다.

　일반주택이 전용면적이 80%이고 폐쇄적이라면 지역사회권에서의 주택은 60%정도이고 외부로 개방적인 공간이 마련되게 된다.

이와 같이 야마모토리켄은 가족이 해체되고 더 이상 국가가 국민의 복지와 미래를 책임져줄 수 없는 상황이 된 현재 지금과 다른 주택, 공동체를 만들어야 한다고 하면서 내 집이라는 개념 자체를 버리고 함께 나눠 쓰고 개방하고 임대하는 방식으로의 전환이 필요하다는 주장을 한다.

그런데 집에 대한 이러한 그의 생각이 집은 한 가족의 폐쇄적인 가장 은밀한 공간이라는 인식이 강한 우리의 정서와는 들어 맞는 것 같지는 않았다. 아무튼 야마모토리켄은 2024년 건축계의 노벨상이라는 프리츠커상을 수상했다.

수상 이유는 공적인 영역과 사적인 영역 간에 친근감을 구축해 정체성과 경제, 정치, 기반 시설, 주거시스템이 다양한 가운데서도 조화로운 사회를 구축할 수 있는 영감을 줬기 때문이라고 한다.

쇠퇴도시 서울 2024.9.20.

서울은 세계적인 경제력과 거주 적합성을 인정받는 도시다. 리처드 플로리다(Richard Florida)의 분석에 따르면 서울은 뉴욕, 런던, 도쿄 등과 어깨를 나란히 하며 세계 도시 순위 3위 그룹에 랭크되어 있고, 마틴 번영 연구소(MPI) 자료에서도 세계 8위권에 이름을 올릴 만큼 강력한 도시 경쟁력을 자랑한다.

그러나 이 화려한 지표 이면에는 인구 감소라는 어두운 현실이 자리 잡고 있다. 서울 인구는 2011년 약 1,051만 명으로 정점을 찍은 뒤 하락세를 거듭하다, 2019년 '천만 서울'이라는 상징적인 벽이 무너졌다.

2023년 기준 인구수는 약 963만 명까지 줄어들며 이제 '구백만 서울'이 현실이 되었다. 1~2인 가구의 급증으로 세대수는 늘고 있지만, 도시의 근간인 전체 인구 규모는 명백히 쇠퇴기에 접어든 것이다.

도시의 탄생과 발전은 인구 성장이 뒷받침될 때 비로소 지속 가능하다. 서울처럼 고도화된 도시에서 인구 규모 자체가 줄어드는 것은 도시의 활력과 생존을 위협하는 신호다.

2022년도 기준 1,000대 기업중 서울 531개, 경기 180개, 인천 38개로 수도권에 749개가 모여있으며 서울의 경우 매출이 2,076조

원으로 66%를 차지한다는 부산상공회의소의 발표자료(2023.11.15)가 있었다.

X세대 후반 연령층(대략 1980년 전후 출생)과 MZ세대들은 여러 가지 이유로 서울을 비롯한 도심지에 살고 싶어 한다. 우선 위 531개 기업과 매출액이 보여 주듯이 지식, 전문성, 첨단기술이 요구되는 고임금 일자리가 서울에 집중되어 있고 이를 뒷받침하는 서비스업에 종사할 수 있는 일자리가 넘쳐나기 때문이다.

또 하나는 직주근접으로 출퇴근시간을 줄여 워라밸을 즐길 수 있기 때문이다. 무엇보다 중요한 요소는 힙지로, 성수동, 홍대, 연남동 등으로 상징되는 힙한 문화와 젊은이들이 모일 수 있는 레스토랑, 카페에 이르기까지 서울이 제공하는 쾌적한 편의시설에 대한 접근성이다.

그럼에도 불구하고 서울의 인구가 감소하는 가장 큰 이유는 높은 주택가격을 감당할 수 없는 시민들이 서울을 둘러싼 경기도에 대거 건설된 신도시 등으로 유출되기 때문이라고 할 수 있다.

또한 젊은이들이 결혼을 하지 않고 자녀를 출생하지 않는 가장 주된 이유가 주거문제라는 것은 이제 널리 알려진 사실이다.

과시적 생산제품을 소비하고 비과시적 소비를 하는 야망계급과 디지털 시대 지식경제에 참여하는 창조계급이라 불리는 젊은이들은 가격이 조금 비싸더라도 직장주변인 서울 도심에서 머물고 싶어 한다.

이러한 지식경제를 기반으로하는 청년들이 높은 주택가격을 견디지 못하고 서울을 지속적으로 떠난다면 서울의 쇠퇴 속도는 가속화될 것이다.

서울의 주민등록인구는 960만 명인데 생활인구는 1,200만 명에 육박한다. 경기도에서 서울로 출퇴근하는 인구가 경기도 경제활동인구 800만 명의 4분의 1인 200만 명이 넘는다. 서울이 생활터전인 경기도민이 500만 명 가까이 된다는 뜻이다. 주택가격의 급등으로 인한 도시의 불평등 문제는 우리만의 문제가 아니고 전세계적인 현상이 되었다.

리처드 플로리다는 이러한 문제들에 대해서 지방정부 등이 대중교통, 적당한 가격의 주택, 빈곤 등 긴급한 도시문제에 주도적으로 대처해야 한다고 하면서 모두를 위한 도시화를 위해 7가지 핵심을 중심으로 추진되어야 한다고 했다.

그중 일부만 소개하면 도시의 집중화(복합화), 인구밀도와 집중화에 필요한 사회기반시설(대중교통)에 투자하고 값비싸고 비효율적인 도시확산 제한, 도시중심지에 저렴한 임대주택 공급, 지방정부와 지역사회에 권한 이양 등을 주장했다.

이러한 리처드 플로리다의 주장을 토대로 다음과 같은 제언을 하고자 한다.

첫째, 서울의 주택문제를 해결하기 위해서 더이상 그린벨트를 해제하거나 경기도에 신도시를 개발하지 않아야 한다. 젊은이들의 라이프 스타일을 고려할 때 신도시가 서울시민을 위한 주거정책이 될 수 없고 오히려 수도권 집중만 유발하여 지방도시는 더욱 빨리 소멸의 길로 갈 것이다.

둘째, 서울의 직장이 모여 있는 강남, 여의도, 시청주변 도심, 청량리, 마포권 등에는 직장인들이 선호하는 주택을 대거 공급해야 한다. 즉, 도심중심에 매입임대이건 건설형임대주택이건 저렴한 임대주택을 대량으로 확대 공급해야 한다.

언제부터인가 공공재인 임대주택을 원가개념으로 접근하는 이상한 논리가 특정 시민단체에서 나오면서 도심에 수요자 맞춤형 임대주택을 건설하여 매입하는 것이 마치 세금 낭비의 주범처럼 여겨지고 있다. 공공재를 원가우선으로 생각한다면 싸게 운행할 수 있는 버스가 있는데 지하철은 왜, GTX는 왜, 고속철도는 왜 비싸게 건설하는지부터 따져야 할 것이다.

정부에서 발표하는 전혀 체감이 안되는 100% 넘는 주택보급률만 믿고 주택공급이 넉넉하다고 넋 놓고 있지 말고 가구수 대비 세대수 대비 실제 체감 주택보급률을 고려해서 절대적으로 주택이 부족한 서울 도심에 집중해야 한다.

그나마 서울 도심에 유일한 임대주택 공급 수단인 매입임대주택 사업을 예산 낭비라고 하지 말고, 소규모택지에 청년이 필요로 하는,

신혼부부가 필요로 하는, AI전문가가 필요로 하는, 반도체 전문가가 필요로 하는 특화된 주택을 약정하는 방식으로 건설하여 매입하던, 구축을 매입하여 리모델링하던 신속하게 공급해야 한다.

그렇지 않으면 서울이 쇠퇴도시를 넘어 소멸도시로 나아갈지 모른다. 장점이 70%인데 단점 30%때문에 정책을 바꾸거나 멈추어서는 안 된다.

지금 한가하게 한강에 배를 띄우고, 3기 신도시에 반쪽아파트를 공급하고 싶다고, 지방 어느 곳에 골드시티 지어줄 돈은 있으면서 정작 서울시민을 위한 매입임대는 비싸서 지을 수 없다고 투정부릴 여유가 없다.

셋째, 유휴지나 저이용 공용시설을 콤팩트 도시 등으로 고밀복합화해 토지이용의 효율성을 높여 직장 주변에 그들이 원하는 주택을 공급해야 한다. 돈이 좀 들더라도 필요로 하는 곳에 고밀복합화해서 주택을 지어야지 덜 드는 방법으로 신도시를 남발해서는 안 된다.

청년들의 사고와 생활방식은 초음속으로 변하고 있는데 10년 전의 정책으로 여전히 주거정책을 실험하려 한다면 서울의 인구쇠퇴는 더욱더 가속화될 것이다.

정부에서 발표한 서울의 주택보급률은 93.7%이지만 실제 체감 주택보급률(p17참조)은 가구수 대비 73.4%, 세대수 대비 70.6%임을 언급한 바 있다. 지금 서울은 주택수가 절대적으로 부족하다.

집, 도시를 말하다

강남까지 30분 ^{2024.9.27.}

한때 경기도 일원에서 분양하는 아파트 전단지를 보면 대문짝만한 글씨로 "강남까지 30분"이라는 문구를 넣어서 광고하던 때가 있었다. 물론 최근에 분양하는 아파트들도 GTX 또는 전철개통으로 "강남까지 00분" 문구를 넣어서 홍보한다.

그만큼 강남이 우리나라 경제의 중심지이고 쇼핑, 극장, 레스토랑 등 젊은이들이 찾는 가장 핫한 도시라는 이야기이다. 내 직장이 있는 광교 신도시 상권도 신분당선이 개통되면서 강남까지 30분이면 갈 수 있게 되자 광교 상권으로 모이던 젊은이들이 강남으로 이동했다고 한다.

포털 검색창에서 "강남까지 30분"과 "강남까지 40분"을 검색해 보았다. 강남까지 30분은 GTX공사를 하면 인천에서 강남까지 30분, 광명에서는 지하철로 30분, 퇴계원에서도 전철 타고 강남까지 30분이면 갈 수 있다는 내용이 검색되었다.

강남까지 40분은 수원 호매실에서 신분당선이 연결되면 40분, 원주에서도 복선전철 공사하면 40분대고, 청라에서도 7호선이 연장되면 강남까지 40분에 갈 수 있다는 기사 내용이 검색되었다.

이어서 "강북까지 30분"을 검색해 보니 선거 공약과 둘레길 등이 검색되었고, "강북까지 40분"은 교통사고 이야기와 어느 아파트 정전 이야기, 승용차 돌진 이야기 등이 검색되었다. 즉, 강북에 몇 분만에 도착한다는 것은 시민들의 관심사가 아니란 뜻이다.

현재 공사 중에 있는 GTX도 강남으로 연결되는 경우에는 해당 지역 주민들은 강남까지 얼마가 걸려 강남에의 접근성이 좋아지게 되어 더욱 발전하고 좋아질 것이라고 들떠 있는 경우를 많이 볼 수 있다. 강남이라는 지명은 최소한 우리나라 국민들에게는 선망의 대상이고 최상위 계층이 거주하는 장소쯤으로 여겨진다.

조선일보 2023년 12월 21일자 기사를 보면, 국세청의 '2022년도 근로소득 연말정산 신고현황' 자료에 의하면 평균 연봉 1위는 서울 강남구가 8,390만 원으로 나타났고, 전국 노동자 1인당 평균 급여액은 4,213만 원이며, 서울은 평균 4,916만원, 전국 최하위인 부산 중구는 2,708만 원으로 나타났다.

2024년 3월 13일 베리타스 언론 보도를 보면 2024 서울대 최초합격자의 출신 지역을 분석한 결과 사교육의 메카인 강남 3구 출신 인원이 466명으로 12.6%에 달하는 것으로 나타났다. 강남 3구의 전체 고3 학생 수가 전국의 3.2%에 불과하지만 이보다 9.4% 많은 비중이 서울대에 합격한 셈이다.
세부적으로는 강남이 257명으로 전체 최초합격생의 7%를 차지

집, 도시를 말하다

했고, 서초구에서 128명(3.5%), 송파구에서 81명(2.2%)이 합격했다.

강남구는 서울 평균 급여액의 2배에 가까운 소득을 올리고, 최하위인 부산 중구에 비해서는 3배 가까운 소득을 올리고 있다. 또한 서울대에 합격한 숫자도 1명도 배출하지 못한 시·군·구가 80개임을 고려해 볼 때 소득과 교육에 있어 강남 쏠림현상이 심각함을 알 수 있다.

이러한 불균형을 해소하는 방안에 대하여 논할 정도의 능력은 되지 않지만 고속철도, GTX 개통과 관련하여 고속철도 선진국인 일본과 프랑스의 사례를 예로 들어 이야기하고자 한다.

일본의 경우 세계제2차대전 후 인구가 도쿄 광역권으로 점점 몰려 일본 도시 인구의 45%가 거주하고 있다. 그러나 도쿄의 평균소득은 다른 일본 도시보다 크게 높지는 않다. 즉, 1964년 개통된 고속철도인 신칸센이 일본 도시들 간의 소득 균형을 뒷받침하여 도시 간에 소득차이가 크게 나지 않게 하고 있다.

그러나 프랑스의 경우에는 파리와 리옹 사이 고속철도가 1981년 개통된 후 경제활동을 수도 파리에 더 집중되게 만들었으며, 그 결과는 많은 기업들이 본사를 파리로 옮기게 되었다.

고속철도로 인해 일본에서는 기업들이 대도시로 몰려들지 않아 도쿄의 광역권에 거주하는 사람들과 다른 도시 거주자간의 소득격차가 발생하지 않았으나 프랑스는 기업들이 파리로 모여들게 되어 파리와 다른 도시들과의 평균소득 격차가 발생하게 된 것이다.(Age of the city, 2024, 번영하는 도시·몰락하는 도시, Ian Goldin & Tom Lee-Devlin, 92p)

우리의 경우에도 당초 고속철도 개통으로 기업의 지방이전, 수도권 기능의 분산을 통한 국토의 균형 개발, 고속철도 이용에 따른 시간 비용 절감, 승용차의 고속도로 이용 및 교통사고 감소로 인한 사회·경제적 비용 축소가 기대되었다.

또한 고속철도역 중심의 관광 네트워크를 통한 지역 관광·여가 산업의 발전과 지역 문화·예술·인적 교류 활성화를 통한 삶의 질 향상도 예상되었다.

그러나 컵에 담긴 음료를 빨대로 마실 때처럼 고속도로, 고속철도의 개통 등 다양한 교통수단의 연결로 인해 대도시가 주변 중소도시의 인구나 경제력을 흡수하면서 생긴 대도시 집중 현상인 이른바 '빨대효과(straw effect)'가 발생했다.

서울로의 접근성이 훨씬 좋아지게 되니 역으로 지방에서는 강남으로의 쇼핑과 강남 대형병원으로 의료쇼핑을 오게 되었고, 고속철도의 개통으로 인해 강남과 수도권으로의 집중이 더욱 심화되었다.

정작 지방 도시에 기대되었던 기업이전과 관광 활성화는 생각만큼 큰 효과를 거두지 못했다. 빨대효과로 프랑스의 경우와 같은 일이 일어난 것이다.

이를 일본의 사례처럼 바꾸기 위해서는 어떻게 해야 할까? 고속철도와 GTX가 서울 집중의 수단이 아닌 하방의 수단으로 활용하기 위해서는 기업과 인재가 지방으로 분산될 수 있는 환경을 만들어 주어야 할 것이다.

지방 이전을 하는 기업들에게는 세제 혜택을 비롯한 각종 혜택을 부여하고, 창조적인 인재가 모여들 수 있는 직·주·락의 정주환경을 조성해야 한다. 그들이 좋아하는 문화시설과 카페, 레스토랑 등 편의시설과 직장이 함께 모여 있는 복합도시인 컴팩트시티를 고속철도 라인인 원도심을 중심으로 만들어야 한다.

비용문제로 원도심 외곽에 신도시를 건설한다면 다시 또 원도심 쇠퇴문제가 나오게 된다.

앞으로 개통될 GTX가 생활권을 서울로 더욱 더 흡수하는 수단이 아니라 경기도와 GTX역 인근 지역의 분산으로 이어져야 한다. 고속철도 개통 20주년이 되는 올해 GTX와 고속철도가 서울의 기업이, 서울의 인재가 지방으로 이전하는 유인책을 마련하는 계기가 되었으면 한다.

진정한 국토균형발전의 완성은 강남 근로자의 평균소득과 지방 근로자의 평균소득이 같아지는 시점이다.

혁신도시와 강남 2025.6.26.

서울 강남 개발은 1960년대부터 한국 경제가 고도 성장하면서 농촌 인구가 서울로 대거 유입되었다. 서울 인구의 약 76%가 강북에 집중되고, 강북지역은 주택난, 교통난, 상하수도 등 도시 기반 시설 부족 등으로 심각한 과밀화와 도시 슬럼화 현상을 겪게 되는 등 강북지역의 과밀 해소가 필요한 가운데 추진되었다.

또한 북한과도 너무 가까워 한강 이남, 즉 강남 지역을 개발하여 수도의 기능 분산과 안보 위험을 완화하고, 1970년 경부고속도로 개통과 강남에 고속터미널을 건설함으로써 강남은 명실상부한 전국 교통의 중심지로 부상하게 되었다.

강북에 밀집된 명문 고등학교들을 강남으로 이전시켜 강남으로의 인구 유입을 적극적으로 유도했다. 이는 한국인의 높은 교육열과 맞물려 강남에 '8학군'이라는 명성을 부여했고, 교육을 위한 이주 수요를 폭발적으로 증가시켰다.

1978년 반포 주공아파트를 시작으로 개포지구 등 대규모 주택단지가 조성되면서 새로운 중산층이 강남으로 모여들게 되었다.

이러한 강남개발은 서울의 도시 공간을 확장하고, 서울의 도시기능 분산, 대규모 아파트 단지 개발을 통한 획기적인 주거환경개선, 상업·업무·문화·교육 등 다양한 기능이 복합된 경제 중심지로서 국가 경제성장에 기여하는 등의 긍정적인 효과를 거두었다.

그러나 강남 개발은 강북 지역의 개발 제한과 쇠퇴를 초래하고, 강남으로의 인구 및 자원 집중이 가속화되면서 강남은 급성장한 반면, 강북은 상대적으로 낙후되는 결과를 낳았다. 막대한 부동산 투기를 야기했으며, 주택가격의 폭등은 강남을 중심으로 심화되어 이는 자산 불평등을 심화시키는 주요 원인이 되고 있다.

또한 강남은 '부'와 '성공'의 상징이 되면서, 강남 거주 여부가 사회적 지위의 척도가 되는 현상을 초래했다. 강남과 비강남 지역 주민들 간의 사회적 위화감과 계층 갈등을 심화시키고, 과도한 교육열과 사교육 경쟁 심화로 인한 교육 불평등 문제도 야기하는 등의 부작용도 발생하고 있다. 강남 개발은 대한민국 압축 성장의 상징이자 결과물이지만 그 과정에서 발생한 부작용과 현재까지 이어지는 강남-강북 불균형 문제는 지속적인 도시 정책의 과제로 남아 있다.

혁신도시는 수도권으로의 인구 및 기능 집중을 완화하고, 국토의 전반적인 균형 발전을 도모하고자 수도권에 소재한 공공기관들을 지방으로 이전시키고, 이전된 공공기관들을 중심으로 지역별 성장 거점을 육성하고 거점 도시를 만드는 것을 목표로 계획되었다.

2003년 '국가균형발전을 위한 공공기관 지방 이전 추진 방침'이 발표되면서 되었고, 그리고 2005년 10개 혁신도시의 입지가 최종 선정되었다.

공공기관 이전은 2012년부터 본격적으로 시작되어 2019년에 대부분 완료되었다.

혁신도시는 단순히 공공기관을 이전시키는 것을 넘어, 이전된 공공기관과 지역의 대학, 연구소, 산업체, 지방자치단체가 서로 협력하여 '산·학·연·관 클러스터'를 구축하고, 이를 통해 지역의 새로운 성장 동력을 창출하며 혁신을 주도하는 거점 도시를 만드는 것을 목표로 했다.

공공기관 직원과 그 가족들이 새로운 환경에 안정적으로 정착할 수 있도록 교육, 문화, 복지, 보건의료 등 다방면에서 수준 높은 생활 인프라를 구축하는 데 중점을 두었다. 이를 위해 쾌적하고 친환경적인 도시 공간을 조성하고 최상의 교육 환경을 마련함으로써 삶의 질이 보장되는 미래형 도시를 건설하고, 나아가 지역의 자생력을 높여 궁극적으로는 대한민국 전역이 고르게 발전하는 국가 균형 발전을 실현하고자 추진되었다.

그러나 이러한 혁신도시 조성으로 인한 원도심 쇠퇴는 인구 유출, 상권 침체, 지역 경제 활력 저하 등 다양한 측면에서 나타나며, 특히 중소도시에 조성된 혁신도시에서 이러한 현상이 더욱 뚜렷하게 관찰되고 있다.

김천시의 경우 한국도로공사, 한국전력기술, 한국교통안전공단 등 주요 공공기관들이 이전하여 혁신도시에는 인구가 유입되고 신규 상권이 형성되었지만, 기존 김천 원도심(평화동, 남산동 등)에서는 인구 유출과 상권 침체가 가속화되었다. 젊은 층과 고소득 계층이 혁신도시로 이동하면서 원도심의 활력이 크게 저하되었고, 빈 상가와 노후 건물이 늘어나는 현상이 나타나고 있다.

나주시는 한국전력공사, 한전KPS, 한국농어촌공사 등 대규모 공공기관이 이전하면서 대규모 혁신도시 조성으로 인해 나주시 전체 인구는 증가했지만, 기존 나주 원도심(특히 영산포 일대)은 급격한 쇠퇴를 겪고 있다. 혁신도시 내에 신규 상업·주거 시설이 집중되면서 원도심 상권은 큰 타격을 입었으며, 젊은 층의 이탈로 고령화가 심화되었다. 원도심의 역사 문화적 자산을 활용한 재생 노력이 있었음에도 불구하고, 혁신도시가 원도심의 인구와 부동산 가치를 빨아들이는 '블랙홀' 역할을 하고 있다.

진주시에는 LH 등 주요 공공기관이 이전했으나 혁신도시 조성 이후 신도심과 원도심 간의 양극화가 심화되는 부작용을 낳고 있다. 혁신도시 인근 충무공동의 인구는 크게 증가한 반면, 기존 진주 원도심의 인구는 지속적으로 감소했다. 특히 초등학생 수의 감소가 두드러지게 나타나, 젊은 세대의 혁신도시 이동을 상징적으로 보여주고, 원도심의 상가 공실률이 급증하고, 학교들이 학생 수 감소로 어려움을 겪는 등 심각한 공동화 현상이 나타나고 있다.

대표적으로 세 곳의 혁신도시를 살펴보았으나, 나머지 7곳의 혁신도시도 사정은 비슷하다. 강남의 개발로 강북이 상대적으로 저개발되는 부작용이 생겼듯이 혁신도시의 개발로 원도심의 쇠퇴를 겪고 있는 것이다.

위 사례들은 혁신도시가 지역의 새로운 성장 동력을 제공하는 동시에, 기존 원도심의 인구 유출과 상권 침체라는 역효과를 초래하고, 특히, 중소도시에 조성된 혁신도시일수록 원도심의 쇠퇴 현상이 두드러지는 경향이 나타나고 있다.

혁신도시 10개는 지방도시에 미니 강남을 개발하는 결과를 초래했다고 볼 수 있다. 강남개발과 혁신도시의 개발이 주거지 밀집지역을 피한 도심 외곽에 건설하게 된 주된 이유가 토지 보상비를 감당하기 어려운 측면이 있어 강북을 고밀화하거나 원도심을 고밀개발하는 것은 엄두를 내지 못했을 것이다.

그러나 인구 출생률이 0.75명으로 연간 출생아수가 23만 8천 명인 지금 학력고사 응시생수만 70만 명을 경험한 세대 입장에서 볼 때 도시의 외연을 확장하는 정책은 미래 세대에게 슬럼화된 원도심을 물려주게 될 것이다.

2060년에는 빈 건물과 빈 집이 넘쳐나고, 초고령화로 간병로봇과 휠체어를 탄 노인들이 거리를 활보하는 TV 다큐프로그램의 경고를 그냥 넘길 일은 아니다.

국토의 균형발전을 위해 강남을 개발했다지만 결과적으로는 강남을 고급 주거지로 만들었고, 역시 국토의 균형 발전을 위해 혁신도시를 만들었지만 혁신도시를 고급 주거지로 만드는 지역별 불균형 발전을 도모하는 정책이 다시 또 진행된다면 국토의 균형 발전은 요원하다고 할 것이다.

혁신도시가 입주하기 시작한 2012년 수도권 인구가 2,467만 명으로 49.34%, 2019년에는 2,584만 명으로 49.98%, 2024년에는 2,640만 명으로 51.59%로 혁신도시가 지정된 이후에도 수도권의 인구집중은 예외없이 지속적으로 증가했다.

혁신도시로 인해서 수도권 집중이 완화되었다는 수치는 찾아볼 수 없고, 오히려 또다른 강남과 강북을 지방소도시마다 만드는 결과를 초래했다고 볼 수 있다.

3기 신도시가 아직 짓지도 않았는데 4기 신도시를 꺼내는 것도 너무 성급하다. 더 이상 도시의 외연을 확장하는 신도시 개발보다는 경제적 비용이 들더라도 원도심을 고밀화하는 압축도시를 만들어야 한다. 그래야 국토의 균형 발전이 이루어진다.

현 정부의 공약사항인 해양수산부의 부산 이전을 올해 안에 마무리하라는 대통령의 지시가 있었다고 한다. 이전되는 해양수산부는 부산외곽 신도시에 둥지를 틀지 말고, 가장 낙후된 원도심지역에 임시 이주하고, 그곳에 신청사를 지었으면 한다.

강북과 지방의 원도심에 대한 대대적인 규제완화가 필요한 시점이다.

신통기획과 프로파간다 2025.10.24.

신속통합기획은 정비계획 수립단계에서 서울시가 공공성과 사업성의 균형을 이룬 가이드라인을 제시하고, 신속한 사업추진을 지원하는 공공지원계획이다.**(2025 도시·주거환경정비 기본계획, 2021.9. 개정)**

서울시가 민간 주도 재개발·재건축 사업의 초기 단계에 직접 개입하여 정비계획 수립을 지원하고 인허가 절차를 통합·단축하는 공공지원 계획으로 이 제도의 핵심 목표는 주택공급 속도를 획기적으로 높이는 것과 공공성 및 사업성의 균형을 맞추는 것이라고 한다.

재개발·재건축 등의 정비사업은 사업준비단계인 기본계획의 수립 및 정비구역 지정은 광역지방정부가, 조합설립 및 사업시행 인가, 관리처분 인가와 준공까지는 기초지방정부가, 인허가 관청이니 당연히 지방정부의 역할이 중요하다.

지난 9월 7일 국토부의 주택공급 확대방안 대책이 나오고, 정비사업의 단계별 절차를 획기적으로 개선하여 최대 3년을 단축하겠다고 발표했다. 서울시는 기다렸다는 듯 '신속통합기획1.0'의 5.5년을 뛰어 넘어 6.5년을 단축하겠다는 '신속통합기획2.0'이라고 명명된 한강벨트 및 강북지역 주택공급 확대방안을 발표했다.

사실 1년을 더 단축한다는 것 말고는 특별히 1.0버전과 2.0버전이 달라진 건 없다. 다만 국토부의 9.7대책이 공급계획이 불분명하다는 비난이 있다는 사실을 알고는 한강벨트에 31만 가구를 2031년까지 착공하겠다는 내용을 첨언해서 발표했을 뿐이다.

그러나 서울시 역시 자치구별 구역별로 구체적인 목표치가 아닌 한강벨트에 19만 8,000호**(강남3구 7만 5,000호 포함)**, 나머지 11만 2,000호는 그외 22개 자치구에 구역별로 배분된다고 한다.

국토교통부는 '9.7대책'을 통해 공공택지 공급 확대 37.2만 호, 도심 내 공급 36.5만 호, 민간 여건 개선 21.9만 호 등을 포함하여 2030년까지 수도권에 총 135만 호를 착공하겠다는 구체적인 계획을 발표했다. 여기에는 유휴부지 및 노후 시설 재정비로 확보되는 3.8만 호와 정비사업 외 공공지원 민간임대 등을 통한 35.6만 호 공급안이 추가로 포함되었다.

하지만 차별화된 공급 대책을 약속했던 서울시의 구체적인 물량 계획이 여전히 불분명하다는 점에서, 이번 발표 역시 기존의 9.7대책처럼 애매모호한 점은 마찬가지다.

2021년 9월 발표된 '신통기획 1.0'이 구체적으로 어디서 어떻게 실행되었는지조차 불분명한 상황에서, 서울시는 성급하게 '신통기획 2.0'을 내놓았다. 새로운 버전을 발표하려면 마땅히 이전 정책의 성과를 객관적으로 분석하고, 그 피드백을 바탕으로 보완된 대안을 제시하는 것이 정책의 신뢰를 높이는 순리다.

그럼에도 불구하고 성과에 대한 소명도 없이, 민간 재개발·재건축

속도를 높여 한강 벨트와 강북 지역에 31만 호를 집중 공급하겠다는 '밑도 끝도 없는' 발표가 이어지고 있다.

이러한 대규모 공급 계획이 과연 실행 가능성을 염두에 둔 실효성 있는 대책인지, 아니면 단순히 정치적 수사(Rhetoric)에 불과한 것인지 우려하지 않을 수 없다.

부동산의 매매수요는 금리인하, 가구수 증가, 소득 증가, 특정지역의 호재요인 등이 있다면 즉시 발생하지만 공급은 즉시 이루어지지 않는다. 물론 부동산의 수요가 심리적 요인에 의해 좌우되니 재개발·재건축 활성화로 순차적으로 주택공급이 될 예정이니 구매욕구를 진정시키는 효과는 있다.

주택공급론자들이 흔히 빠지는 자가당착 중의 하나가 재개발·재건축이 활성화되면 공급이 늘어나 집값이 안정된다는 주장이다. 신통뿐만 아니라 방통한 기획이라도 최소 12년 이상 소요되는 재개발·재건축으로 인한 주택공급은 단기적인 공급효과는 없다. 물론 지금부터 준비해야 10년 뒤에 공급할 수 있는 토대가 된다.

서울시 정비사업 홈페이지 자료에 따르면 신통기획으로 1차 21곳, 2차 23곳, 수시 62곳, 기존구역 23곳으로 총 129곳을 추진하고 있다. 이 가운데 착공된 곳은 기존구역을 신통구역으로 둔갑시킨 '도시정비형 재개발사업(구 도시환경정비사업)'인 을지로 3-6지구(최초 구역지정 1977.6.29, 건설부 고시 제123호)와 공평 15,16지구(최초 구역지정1979.9.26, 건설부고시 제285호) 두 곳만 현재 착공되었다.

   집, 도시를 말하다

1970년대 후반에 구역지정된 곳으로 공평15,16지구는 2019년 당시 박원순 시장이 서울시의 '도시·건축 혁신 시범사업' 1호로 선정한 곳이다. 을지로3-6지구는 2022년 4월 녹지생태도심 재창조 전략의 일환으로 추진되던 곳을 신통기획으로 포장한 것이니 실제로는 착공된 곳이 한 곳도 없다고 할 수 있다. 물론 빵공장의 빵은 아니지만 마치 금방이라도 주택을 공급할 수 있을 것 같은 착각은 주지 말아야 한다.

유권자 입장에서는 내가 살고 있는 동네가 개발된다고 하면 집값이 오를 것이라는 기대감이 있기 때문에 마다할 사람은 아무도 없다. 따라서 신통기획은 지방선거를 앞두고 기왕에 추진되고 있는 민간의 재개발·재건축사업에 숟가락을 얹어 지역민의 표심을 받는 데는 매력적인 수단이다.

그러나 해당 지역의 저렴주택에 살고 있던 주민들은 높은 분양가 등으로 인해 경제적 부담을 느껴 삶의 터전을 떠나게 되고 재정착률**(평균 27.7%, 서울연구원)**이 낮아지는 문제가 있다.

예를 들어 동일 평형으로 입주한다고 해도 추가부담금이 최소 수억 원 이상이라는 사실을 알게 된다면 반길 사람이 있을까 싶다.

신통기획이 주택공급이나 주거안정을 위한 수단이라기보다는 정치적 프로파간다(propaganda)로 여겨지는 것은 재개발·재건축 전후의 표심변화를 살펴보면 알 수 있다.

선거에서는 신규로 지역의 주택 매수시장에 진입하는 계층보다는 거주하고 있는 소유자의 표심에 집중할 수밖에 없다. 재개발이 활발했거나 완료 단계에 접어든 지역일수록 보수정당 지지가 6~9%정도 상승하는 경향을 보이며, 반면 재개발이 정체된 지역은 정치 지형에 큰 변화가 없는 것으로 나타난다.

요약하면, 재개발은 서울의 '도심 진보벨트'를 일정 부분 보수화시키는 구조적 요인으로 작용하고 있다. 이러한 변화는 거주자가 연령·소득·주택소유율 등을 매개로 나타나는 정치 성향의 재편으로 봐야 할 것이다.

혹여 부자동네인 강남에서는 보수정당이 우세하니 우리 동네도 강남스러워지기 위해 보수정당을 지지해야 한다는 천민적 정치성향을 부추길 목적이라면 신통기획 3.0도 조만간 나올 듯하다.

단기적 주택공급 대책은 기존 주택의 유동화에 있고, 중장기 주택공급 대책은 물론 재건축·재개발로 대표되는 정비사업과 공공택지의 신규주택의 건설이다.

신통기획을 새로운 유형의 주택공급 수단처럼 주장하는 것은 한강버스가 새로운 대중교통 수단이라고 주장하는 것과 같다. 신통기획은 '정치적 프로파간다'로 보는 것이 맞는 것 같다.

※ 10.15 대책은 주택공급 대책이 아닌 금융 및 수요 억제 정책이라 별도로 언급하지 않았다.

 집, 도시를 말하다

세운4구역의 딜레마 2025.11.19.

　한때 세운4구역 업무를 담당했던 사람으로서 최근 논란이 되고 있는 사항들에 대해 언급하는 것이 바람직하지 않다고 생각되어 주저했었다. 그러나 세계문화유산으로서 종묘의 가치를 보전해야 한다는 의견들에 심정적으로는 동의하지만 세운4구역이 처한 현실을 알리는 것은 어떨까 싶어 구체적인 수치들은 생략하고 글을 쓰기로 마음먹었다.

　세운4구역은 1982년 4월 세운상가 도시환경정비구역 지정고시부터 그 유래가 시작된다. 그 후 2004년 2월 세운상가 4구역 지정 및 정비계획이 수립되었고, 2006년 3월 종로구청이 시행자로 지정되었으나 재원조달 문제로 주민총회를 거쳐 2007년 9월 SH가 사업시행자로 변경되었다.

　사실 지금은 모두 철거되고 사라졌지만 91%에 달하는 노후, 불량건축물이 밀집되어 있었고 환경이 매우 열악하여 전기누전 등으로 인한 화재발생시 소방차 진입이 불가능한 구조로 대형사고의 위험이 상존하고 있었다. 따라서 체계적인 정비를 통해 기반시설을 확충하고 도시기능을 회복시키는 것이 절실한 상황이었다.

　SH에서는 문화재 보호법 및 서울특별시 문화재보호조례상 문화재로부터 100m 이내의 경우에만 건축물 높이 제한이 있을 뿐 종로 변으로부터 170m가 이격된 세운4구역은 별도의 제한이 없다고 판단하여 2009년 4월 용적율 840% 정도에 건물 최고 높이를 122.3m로 사업시행 인가를 신청하였다.

그러나 문화재위원회의 심의와 재심의를 거쳐 2014년 7월 용적율 610%에 최고 높이 71.9m로 가결되었다. 박원순 시장 재임시인 2018년 6월 사업 시행계획이 인가되었고 2019년 철거, 2021년 착공이 목표였다. 이때 인가된 계획은 숙박시설, 오피스텔, 사무실과 상업 시설이 들어가는 높이 71.8m의 건물을 짓는 거였다.

당시 유네스코 산하 국제기념물유적협의회(ICOMOS)의 자문을 받아 사업을 진행하였고, 사업시행인가 신청 이후에도 관련 전문가 자문과 12차례의 문화재 심의 과정에서 당초 122.3m 높이를 71.9m로 대폭 하향 조정하였으며 전문가들로 구성된 문화재위원회에서도 충분한 논의를 통하여 조건부로 가결된 것으로 알고 있다.

그러나 2021년 오세훈 시장이 다시 당선되면서 녹지축을 만드는 세운지구 개발계획이 부활했고, 높이 제한의 걸림돌이 되었던 서울특별시 문화재 보호조례 제19조 제5항을 국민의힘이 절대 다수를 차지한 서울시 의회의 도움을 받아 2023년 10월 폐지했다.

이에 문화체육관광부에서 제기한 해당 조례의 개정에 대한 무효확인 소송에서도 대법원 판결(2025.11.6)로 승소하자 용적률을 1,000%까지 상향해서 사업을 추진하겠다고 하고 있다. 이상이 세운4구역의

  집, 도시를 말하다

개략적인 역사이다.

세운4구역의 사업시행방식은 '관리처분 및 원가정산 혼용방식'인
데 이는 토지 등 소유자는 토지와 일체의 부담을 제공하는 대신에 실
질적인 의사결정과 개발로 인한 손익은 토지 등 소유자에게 귀속토
록 했다. SH는 법정시행자로서 사업비를 선투입하고 프로젝트 관리,
건설, 분양 등 모든 업무를 수행한 후 건설원가만 회수하고 대행 수수
료를 받는 업무대행자로서의 역할을 하도록 되어 있다.

이 사업방식은 당시에 LH의 도시환경정비사업 등에서 일반적으
로 시행되고 있는 방식으로 사업성이 좋은 경우에는 특별한 문제점
이 없다. 그러나 사업성이 좋지 않은 경우에는 분양에 대한 책임은
없으나 비례율 하락으로 기대이익 감소 우려가 있고, 사업시행자는
미분양리스크 등에 대한 부담 증대로 투자비 회수가 장기화될 수 있
었다.

SH에서는 2006년 사업 참여 당시만 해도 용적률 800% 이상을
예상하고 참여했고 문화재위원회에 의해 건물 높이 제한으로 용적률
이 610%로 떨어지게 되는 상황은 전혀 예상을 못했었기에 위와 같은
사업방식으로 참여했을 것이다.

사실 SH가 어려움에 처한 이유는 사업시행방식 때문이다. 세운4
구역의 2014년 당시 예상 사업 수지를 밝힐 수는 없지만 이미 선투
입한 사업비 등이 있기 때문에 문화재위원회의 결정대로 610%의 용

적률로 건설을 한다면 손실이 필연적이다. 중단한다고 하더라도 매몰비용 등으로 인한 손실을 고스란히 SH가 부담하게 된다. 1,000%대의 용적률로 건설을 한다고 해도 지금까지 투입된 금융비용 등을 감안하면 수익 발생여부를 장담할 수 없다. 다만 소수 토지주들의 사업성 향상을 위해 종묘의 세계문화유산으로서 가치를 훼손하는 것이 옳으냐는 근본적인 문제가 있다.

엄밀하게 따진다면 손익부담 주체가 토지주들이니 SH는 대행수수료만 받고 물러나면 된다. 그러나 이게 가능할지는 의문이다.

세운4구역이 처한 딜레마를 수습할 수 있는 솔로몬의 지혜가 필요하다.

첼리투스와 트리마제 2025.12.22.

강북강변도로를 달리다 보면 유난히 높이 솟아있는 외관이 화려한 고급 아파트 단지를 볼수 있다. 용산 이촌동에 있는 '래미안 첼리투스'와 성수동에 있는 '트리마제'이다. 문득 두 아파트가 어떻게 35층이라는 층고 제한을 뚫고 높이 올라갈 수 있었을까 하는 호기심에 자료를 찾아보았다.

첼리투스는 이촌 렉스아파트를 1:1로 재건축한 것으로 56층이다. 1974년에 준공된 렉스아파트는 2000년 무렵부터 재건축 또는 리모델링을 두고 논의가 시작되었으나 용적률이 200%를 넘고 있어 사업성을 확보하는데 있어 난항을 겪고 있었다.

그러던 차에 당시 오세훈 서울시장의 '한강 르네상스' 프로젝트가 발표되었고 2008년 12월 전체부지의 25%를 기부채납하는 대신 56층으로 서울시 건축심의를 통과했고, 2009년 12월 3개동 460가구로 사업시행인가를 받았다.

가구당 수억 원의 분담금을 내는 대신 전 가구가 한강을 조망할 수 있는 최고급 주거단지로 다시 태어난 것이다. 기부채납받은 토지로 한강으로 연결되는 통로나 공원 등 공공시설을 조성해서 시민들에게 개방되었다고는 하지만 첼리투스 단지 주민 외에 이용하고 있는 시민이 몇이나 될지 의문이다.

트리마제는 당초 2004년 성수1지역주택조합으로 설립되어 시작되었던 사업이나 또 역시 오세훈 시장의 '한강 르네상스 프로젝트'가 발표되면서 해당 부지가 초고층 개발이 가능하게 되자 계획이 대폭 수정되었다. 그리고 2008년 금융위기를 거치면서 시행사가 부도처리 되고, 두산중공업이 2014년 인수 후 47층 688세대의 하이엔드 주거시설로 탈바꿈하게 되었다. 역시 한강을 조망할 수 있는 최고급 아파트가 된 것이다.

한강르네상스의 당초 목적은 단순히 한강을 정비하는 것을 넘어 한강의 잠재력을 극대화하여 서울의 도시경쟁력을 강화한다는 데 있다. 사유화된 한강변을 시민의 공간으로 되돌려주고, 한강변 성냥갑 아파트 탈피, 랜드마크 구축, 한강을 세계적인 관광명소이자 국제 비즈니스의 중심축으로 발전시켜 서울의 브랜드 가치를 높이는 데 있다고 한다.

또한 콘크리트 인공 호안을 녹지로 바꾸고, 생태공원을 조성하여 자연과 인간이 공존하는 생태계를 복원하는 것을 목적으로 한다고 한다. 요약하자면 한강 르네상스는 '공공기여를 통한 규제 완화'라는 전략을 활용해 한강변의 가치를 높이고, 이를 시민 모두가 누릴 수 있는 수변 중심 도시 서울을 만들기 위한 프로젝트라고 한다.

그러나 두 아파트 사례로만 볼 때 수혜를 입은 사람은 첼리투스의 460가구와 트리마제 688가구의 주민이 전부이다. 단지 외의 주민들은 가로막고 있는 고급 아파트 단지로 인해 한강 접근성만 더 어렵게 되었을 뿐이다.

골목골목을 통해 한강으로 내려갈 수 있었던 주민들은 비싼 아파트 단지를 우회하여 내려가야 한다. 시민들이 해당 단지 내의 공공기여 길을 가로질러 한강으로 접근하기는 오히려 더 어렵게 되었다.

강남의 타워팰리스 단지나 목동의 하이페리온 초고층 단지의 경우 내부 통행로가 대부분 공용로이지만 단지 내 주민말고는 이용하는 시민이 많지 않다. 모두를 위한 한강이 아니라 일부를 위한 한강이 되어서는 안 된다. 한강의 공공성 회복을 위해 성수전략정비구역으로 명명된 성수재정비촉진지구도 결국은 이로 인해 한강변의 접근이 더 어렵게 될지 모른다.

만약 고밀개발을 하지 않고 자연스럽게 혼합용도지역으로 주거와 상업, 문화, 업무시설이 어우러진 곳으로 포용적 개발을 한다면 오히려 더 한강으로의 접근성이 좋아지지 않을까 싶다. 물론 지금 살고 있는 주민들은 내 집이 개발되면 당연히 땅값도 집값도 오르게 되니 반대할 리가 없다.

다만 다시 그곳에 들어가서 사는 원주민이 몇이나 될지는 의문이다. 서울의 경우 재개발로 재정착하는 원주민의 비율이 27.7%(서울연구원, 2024)에 불과하다.

성수전략정비구역은 최초 지구단위계획구역 지정 고시를 2008

년 4월 23일에 하였고, 정비구역 지정 고시는 2011년 1월 20일, 최고 높이 250m(약 70층~80층 규모) 허용 및 각 구역별 유연한 층수를 반영한 정비계획 변경 결정 고시를 2025년 3월 27일에 하였다. 공교롭게도 최초 고시 및 변경고시 시기가 모두 오세훈 서울시장이다.

한강의 공공성 회복이라는 미명하에 성수전략정비구역 1, 2, 3, 4구역은 무수히 많은 트리마제로 바뀔 것이다. 계획대로라면 1구역이 65층 내외 3,019세대, 2구역이 65층 2,609세대, 3구역이 2,062세대, 4구역이 77층에 1,579세대 총 9,428세대가 건립될 예정이다.
해당 아파트에 거주하는 주민 입장에서는 탁 트인 한강 뷰를 내려다 보는 호사를 누릴 수 있지만 편하게 한강을 이용하던 동네 주민 입장에서는 왠지 불편한 단지 내를 가로질러 가기보다는 단지 외곽으로 돌아가게 될 것이다.

한강의 공공성 회복은 일부만을 위한 것이 아니라 모두를 위한 공공성 회복이어야 한다. 그 곳에 사는 사람들의 한강조망도 중요하지만 주변 사람들의 한강 접근권도 보장되어야 한다.
만약 재정비촉진지구가 뚝섬역과 성수역 사이 연무장길, 까페거리까지 지정이 되었다면 한 해에 방문객이 2,700만 명이고 외국인만 300만 명인 지금의 매력적인 성수동은 탄생할 수 없었을 것이다.
현재의 계획대로 성수전략정비구역이 완공된다면 다양성과 포용성은 물론이고, 시민들이 한강을 접근하기 위한 사잇길도 사라지게

   집, 도시를 말하다

된다. 성수전략정비구역은 그냥 고급 아파트 단지가 밀집한 육지 위의 하나의 섬이 될 것이다.

　도시를 매력적으로 만드는 힘은 거대한 개발이 아니라 그 공간을 살아 있는 이야기로 채우는 데 있다(소멸하지 않는 도시, 경신원,182p).

성수동 2026.1.8.

나는 직장생활을 과거 뚝섬 경마장 건물을 임시사옥으로 사용하던 서울주택도시공사(현 SH)에서 시작했다. 30여 년 전 뚝섬역에서 내려 회사까지 가는 길 주변엔 퇴근길 피곤함을 달래줄 노포들이 입점되어 있는 단층 건물들과 지금은 헤이그라운드로 바뀐 에스콰이어 건물 등의 신축건물이 혼재한 거리였다.

뚝섬역 주변은 포장마차촌이 형성되고 있었지만 공장지대가 많았던 성수동 안쪽은 한밤에 돌아다니기가 무서울 정도로 어두컴컴하고 을씨년스러운 곳이었다. 그리고 1998년에 SH가 개포동에 신사옥을 짓고 이주를 하게 되면서 뚝섬과 성수동 쪽은 가볼 일이 없었다.

그러던 차에 얼마전 직원들과 함께 낮에 견학 삼아 성수동을 가보았다. 평일 낮인데도 불구하고 수많은 젊은이들이 오가고 있었고, 외국인 관광객들로 거리가 넘쳐나고 있었다.

해방 이후부터 1980~90년대에 걸쳐 성수동은 서울산업화의 현장이자 저임금 고밀도 노동의 상징적인 공간이었다. 1997년 IMF 외환위기를 기점으로 제조업 기반이 급격히 약화되면서, 수많은 영세공장과 소공인들이 폐업하거나 다른 지역으로 이전했다.

흥미롭게도 이러한 쇠퇴는 이후 성수동이 새로운 방식으로 활력을 되찾는 계기가 되었다.

버려진 공장과 창고에 청년 문화예술인, 스타트업체들이 유입되기 시작하며 카페, 갤러리, 공방, 사무실 등으로 재탄생했다. 2005년 서울숲이 조성된 이후, 방문객들이 급격히 늘어났다.

성수동에는 사회적 경제조직, 예술문화단체, 지식산업 스타트업들이 유입되기 시작했다. 서울시는 난개발을 방지하고자 뚝섬과 성수동 일대를 다섯 개의 특별계획구역으로 지정했다.

2011년 서울시의 지구단위계획 수립에 따라 지정된 구역들로, 서울숲 활성화와 연계한 대규모 복합개발을 목표로 했다. 1, 2구역은 서울숲 옆 중랑천변에, 3구역은 서울숲길과 뚝섬역 사이에, 4, 5구역은 서울숲길 초입부에 위치했다. 이 구역들은 저층 단독 및 다세대 주택이 밀집해 있었고, 주거환경이 열악하다는 이유로 고밀도 개발이 예정되어 있었다.

그러나 특별계획구역으로 지정되면 구역 내에는 고밀개발이 되어 서울숲은 반(半)사유화될 우려가 있었다. 그런데 바로 이 시기, 성수동에서는 이전에 경험하지 못했던 새로운 변화가 자생적으로 시작되고 있었다.

구두공장과 금속 인쇄소가 즐비했던 낡은 준공업지대에서, 젊은 창작자들이 자발적으로 모여들어 스스로 계획하고 추진하며, 도시 공간을 민간주도로 재구성하고 있었던 것이다.

플로리다는 "기업이 있는 곳에 인재가 몰리는 것이 아니라, 인재가 있는 곳에 기업이 따라간다"라고 주장했다. 이는 전통적인 도시발 전방식, 즉 산업 인프라를 기반으로 인재를 유인하던 방식과는 대조 적으로, 오늘날에는 창조적인 사람들과 감각적인 소비층, 그리고 활 발하게 연결된 커뮤니티가 존재하는 곳에 산업이 형성되며 기업은 그러한 흐름에 합류한다는 관점이다. 성수동은 이러한 이론의 전형 적인 사례로 볼 수 있다.

성수동에 입주한 기업들은 이 지역의 물리적 공간보다 "여기에서 일한다"라는 상징성이 주는 무형의 가치를 높이 평가한다. "성수에서 일한다"라는 표현은 또래 집단에서 자신을 차별화하고 창의성과 감 각을 인정받는 일종의 상징자본이 되었다.

당시 특별계획구역으로 지정된 1, 2구역은 이미 지역주택조합 방 식의 재개발이 상당히 진척되어 있어 되돌리기 어려운 상황이었다. 하지만 3, 4, 5구역은 아직 초기 단계에 머물러 있었고, 정책 재검토 의 여지가 충분히 존재했다.

성동구는 이 구역들에서 기존의 재개발 계획을 기계적으로 추진 하기보다, 이미 나타나고 있던 도시의 변화 흐름을 수용하고 조응할 수 있는 새로운 방향을 찾아야 한다고 판단했다.

특별계획구역이 유지될 경우, 이러한 자생적인 흐름이 단절될 위 험에 처했다. 기존 건물을 철거하고 획일적인 대형 아파트 단지로 채 워지는 순간, 성수동의 장소성과 다양성은 사라질 수밖에 없었다.

성동구가 뚝섬 특별계획구역 3, 4구역을 해제하고 도시재생을 추진하기로 하면서 구청장과 공무원들이 권역별, 동별로 나누어 동네마다 주민들을 찾아 설명하고 20여 회의 간담회와 작은 설명회 등을 소규모 권역별로 세분화하여 반복적으로 진행하였다.

결국 2017년 3월 22일, 서울시 제5차 도시건축공동위원회에서 '뚝섬주변지역 지구단위계획 결정변경안'이 수정 가결되면서 3, 4, 5구역 해제가 공식 확정되었다. 이것은 행정의 일방적인 계획 철회가 아니라, 주민과 행정, 민간과 전문가가 함께 만들어낸 합의의 결과였다.

이후 뚝섬과 성수동은 외지인들이 일부러 찾아와 시간을 보내는 문화 소비의 무대가 되었고, 이러한 변화를 주도한 것은 거대 자본이 아닌 청년 창업가들이었다.

정미소 건물인 '대림창고'는 복합문화공간으로 재탄생했고, 인쇄 공장을 개조한 '자그마치'는 단순한 카페가 아니라 독립영화가 상영되고 실험적 전시가 펼쳐지는 공간이 되었다. 낡은 화학공장은 '성수연방'으로 되어 복합문화공간으로 재탄생했다.

또한 붉은 벽돌을 성수의 색깔로 디자인해 성수동을 찾는 사람들, 또는 살고 있는 사람들이 특별한 감정을 품고 있는 붉은 벽돌이란 요소로 130개의 다양한 건물들을 '덧칠'한 것이다.

성수동이 도시 디자인의 모범이 된 이유는 특정 건축 양식이나 시각적 통일성 때문이 아니라, 그 장소에 깃든 서사와 정서를 어떻게 읽

어내고, 이를 공공 정책의 언어로 번역했는지에 있다.

특별계획구역의 해제 외에 젠트리피케이션 방지를 위한 조례, 붉은벽돌 보전 조례, 성수형 사회계약, 성동안심상가, 공공팝업스토어, 타운매니지먼트 등 성동구의 노력이 오늘의 성수동을 "뜨는도시"에서 "매력도시"로 만들었다.

성수동은 "매력도시"를 만들기 위해서 행정이 어떤 역할을 해야 하는 지를 보여주는 전형이라고 할 수 있다.

※ 이 글은 《성수동》(정원오, 메디치, 2025)에서 대부분의 내용을 인용했다.

집, 도시를 말하다

제4부

야망
계급과
매력
도시

제4부

야망계급과 매력도시

시민과 시민 2024.8.2.

영어에서 두 단어 모두 시민으로 해석되나 엄연히 서로 다른 의미를 내포하고 있다. The civil은 보통 계약(contract)에 의한 사적거래 관계에 있어서 신의를 지키고 계약을 지켜야 할 당사자로서의 시민을 의미하고, The civic은 citizenship으로 상징되는 시민권 내지는 국적을 가지고 법적으로 정해진 투표 또는 선거를 할 수 있는 시민을 의미한다.

The civil이 The civic에 비하여 조금 넓은 개념으로 사용할 수 있고 우리나라에 관광, 학업 또는 직업상 일시적으로 머무르고 있는 합법적으로 등록된 외국인은 말할 것도 없고, 불법체류 외국인도 보호를 받아야 할 사람으로 표현할 때 시민(The civil)이라고 한다.

The civil에서 파생되어진 권리를 시민권(civil right)이라 한다. 이는 대한민국에 거주 또는 머무르는 외국인뿐만 아니라 경기도민이 서울시에 머무르면서 여행을 하거나 직업상 머무르고 있는 동안에도 대한민국 또는 서울시민으로서 보호를 받아야 한다는 뜻이다. 이때 The civil은 체류하고 있는 대한민국과 서울의 법과 조례, 규칙, 도덕적 규율 등은 당연히 준수해야 한다.

이와 반면에 The civic은 시민권 또는 국적을 가지고 있는 시민으로서 civil right은 당연히 가질 뿐만 아니라 국적자로서 시민권을 가지고 투표, 대통령 및 국회의원 선거, 선거운동, 지방자치단체에서 시행하는 주민투표를 행사할 권리를 가지고 있다.

이러한 국가 또는 지방자치단체와의 관계(civic right), 사인간의 관계에 있어서의 시민권보다 더 본질적으로는 인간은 인권(human right)을 가지고 있다. 생명체인 인간으로서 행복하게 살 권리, 생명을 보호 받을 권리, 강도로부터 보호받을 권리 등의 인권을 가지고 있는 것이다.

디지털노마드로 표현되는 현대인의 삶을 대입해 보면 시민으로서 그가 어디에 있건 그 나라의 법규범을 준수하면 인간으로서의 기본적인 권리인 인권과 시민권을 보호 받게 된다.

마찬가지로 우리가 업무상 또는 여행 목적으로 다른 나라에 머무르게 된다고 하면 그 나라의 시민으로서 그 나라의 보호를 받을 권리 (civil right)가 있고 그 나라의 법과 규범을 준수해야 한다. 이것이 신유목민시대의 국가와 시민이 할 일이다.

인류역사는 the civil이 권리를 쟁취하여 the civic이 되기 위한 투쟁의 역사였고 이를 통해 시민생활(civic life)이 변하였다고 한다. 그러면서 서구역사에서 장기간에 걸쳐 있었던 3가지 중요한 사건을 언급하고 있다(Charles Landry, The civic city in a nomad world, 2017, Jacques Barzun 재인용).

1500~1660년 사이에 신교도들은 누구나 신(하느님)과 직접 소통할 수 있다고 하면서 구교에 저항했었다. 1660~1789년은 서서히 정치적 자유와 개인의 권리를 추구했고, 자유, 평등, 박애를 슬로건으로 한 프랑스 혁명에서 절정을 이루었다.

이는 시민으로부터의 변혁, 즉 시민혁명의 전형이 되었다. 1789~1920년은 정치적 평등을 경제적, 사회적 평등으로 전환하려는 마르크스 등의 영향이 있었으며 러시아에서는 혁명이 일어났고 이는 20세기에 다른 많은 국가에도 영향을 미쳤다.

지금 대한민국에는 다문화 가구가 35만에 육박하고. 머무르고 있는 외국인이 245만 명으로 20명 중에 1명은 외국인이다. 농촌이나 건설현장에는 외국인 노동자들이 부족한 일손을 도와주고 있다.

시민권을 가진 이들 the civil인 외국인 노동자가 없다면, 그들의 체류 자격과 상관없이 상추도, 참외도, 사과도 비싼 값을 치르고 사먹어야 한다. 그리고 우리나라 산업의 중추역할을 하는 제조업을 기반으로 하는 중소기업들은 멈추어 설지도 모른다.

이미 교과서에서는 '5천 년 유구한 역사에 빛나는 단일민족인 우리나라'는 이라는 문구가 사라진 지 오래다.

이제 전 세계인은 The civic이거나 The civil로 모두 시민권을 가지고 있는 것이다. 위대한 시민도시(civic city) 는 모든 시민(the civil)에게 열려있다[The great civic city allows space for the civil].(p.215).

※ 위 글은 《The civic city in a nomad world》 (Charles Landry, 2017)에서 내용을 인용했다.

   집, 도시를 말하다

과시적 소비와 비과시적 소비 2024.8.9.

누구든지 다른 사람보다 더 높은 지위에 있고 싶고, 그러한 지위에 있다는 걸 표시하고 싶어하는 욕구가 있다. 또한 자기보다 상위계층에 있다고 생각하는 사람들이 하는 행동, 말투, 태도 등을 모방하고 그들이 입는 옷이나 액세서리 등에 관심을 기울이게 된다.

상위계층은 물질적 재화 등을 소비함에 있어 중간계층이나 빈곤층이 살 수 없는 것을 구매하는 과시적 소비를 하고 그러한 경제적 또는 사회적 능력이 있음을 보여준다.

홍차를 먹을 때 우유를 먼저 넣을 것인지, 차를 먼저 넣을 것인지를 두고 의견이 분분하나 사실은 찻잔의 품질이 떨어지는 경우가 많아 뜨거운 홍차를 먼저 넣으면 깨지게 되므로 차가운 우유를 먼저 넣고 홍차를 넣으면 찻잔이 깨지지 않기 때문이라고 한다.

좋은 찻잔을 사용하면 뜨거운 차를 먼저 넣어도 깨지지 않게 되는데 이는 경제적 또는 사회적 지위를 간접적으로 보여주는 표식이 되었다. 즉, 고급자기를 가진 사람은 이런 사치를 보여주기 위해 홍차부터 넣고 우유를 나중에 넣었다고 한다.

이와 같이 평소에 우리가 하는 행동이나 구매하는 상품들이 우리의 지위나 위치를 보여주게 되는 '지위재'적 성격을 띠는 것들이 많이 있다. 120년 전 베블런은 이러한 소비현상을 과시적**(현시적)** 소비라고 칭하였고, 그 정도를 소비할 수 있는 능력이 있음을 보여주는 경제적 지위가 있음을 나타내고 싶어하는 것이 소비자의 심리라고 한다.

베블런은 이러한 계층의 사람을 유한계급(有閑階級, leisure class)이라 칭하고 보통 이러한 계층에 있는 사람들이 과시적 소비를 한다고 했다. 이러한 과시적 소비는 자본주의 역사와는 무관하게 오래전부터 있어 왔으며, 상층계급은 재산을 소유하고, 생산수단과 물질적 재화를 획득하는 수단을 지배하면서 과시적 소비를 행하였다.

그러나 산업혁명으로 인한 경제 변혁으로 대량생산이 가능해졌고, 중간계급과 시민계급의 가처분소득이 증가하면서 중간계급도 소비를 통해 이러한 '지위재'를 구입하는 과시적 소비가 가능하게 되었다.

이에 따라 상층계급은 이러한 중간계급과의 차별화를 위한 소비에 치중하여 누가 봐도 상류층이 아니면 할 수 없는 문화적 지식과 자본을 획득하고 노후대비를 위한 연금에 가입하는 등 종전과 다른 소비를 하게 되었다.

그들은 물질적 재화가 더 이상 사회적 지위를 구별 짓는 표지가 아니라고 보기 때문에 물질적 재화에는 관심을 보이지 않는다. 이러한 상위계층의 소비 양태를 비과시적 소비라고 한다. 부유층의 과시적 소비는 비과시적 소비로 대체되고 있다. 즉, 더 많은 여가를 얻고 장기적으로 삶의 기회를 창출하는 비과시적이면서도 고가의 서비스로 대체되고 있는 것이다.

얼마전 K-pop 걸그룹의 소속사 대표가 경영권 탈취를 시도한다고 하면서 모(母) 기업에서 감사에 착수하자 걸그룹 소속 자회사 대표가 기자회견을 한 적이 있다. 그런데 대중들은 그녀가 쓰고 있던 모자, 줄무늬 티셔츠에 관심을 가져 해당 제품은 완판되었고, 대기업을 상대로 "다이 다이로 맞짱뜨자"고 큰소리치는 그녀에게 열광했다.

모르긴 해도 대중은 그 소속사 대표가 소위 셀럽이라고 할 수 있는 상위계급에 속한다고 생각했을 것이고 그러한 상류층이 하는 행동과 패션을 모방하고 싶었을 것이다.

만약 그녀가 샤넬, 루이비통, 구찌, 프라다 등 대문짝만한 로고로 누가 봐도 고가의 명품 브랜드임을 인식할 수 있는 모자와 옷을 입고 기자회견장에 나왔다면 어땠을까 하는 생각이 들었다. 오히려 입고 있는 옷과 모자 등에는 대중이 관심을 가지지 않았을 것이다.

어쩌면 그녀는 거대 모 기업을 상대로 당당하게 이야기하고, K-pop 걸그룹에 대한 확고한 문화적 지식과 문화적 자본을 구비한 비과시적 소비를 하는 계층임을 은연중에 드러냈을 지도 모른다.

※ 우리나라에 《야망계급론》이라고 번역 출간된 엘리자베스 커리드 할켓Elizabeth Currid-Halkett의 'The sum of small things: A Theory of the Aspirational Class, 2017'의 내용을 인용하여 작성했다.

비과시적 생산과 과시적 생산 2024.8.16.

1960년대 초반 태어난 내 또래의 남자들은 고등학교 때 기술과 공업시간에 귀가 따갑도록 듣고 배웠던 용어 중에 분업, 컨베이어벨트로 상징되는 포드시스템, 과학적 생산관리방법이라고 배운 테일러시스템이라는 것이 있다. 노동자가 한가지 전문적인 일에만 집중함으로써 노동의 숙련성을 높이고 전문화하여 더 많은 제품을 생산할 수 있다는 것이 분업이다.

포드시스템은 컨베이어벨트가 돌면서 내가 조립할 부분만 조립함으로써 대량생산이 가능해지고 작업 속도가 빨라져 더 많은 제품을 생산할 수 있었다. 테일러시스템은 노동자의 모든 동작들을 분석해서 표준동작을 만들어내고 이를 통해 표준생산량을 산출해서 노동자의 성과를 평가를 할 수 있게 한다는 성과관리시스템이다.

돌이켜 생각해 보면 노동자를 기계처럼 다루겠다는 무시무시한 용어들을 전문, 숙련, 과학, 시스템, 성과관리 등 고상한 단어들을 동원해서 만들어냈고 이를 주입식으로 배우고 외웠다.

그리고 사회에 나가면 그렇게 해야만 하는 줄 알았다. 어쩌면 우리나라 산업화의 기수인 우리 아버지 세대는 당연히 기계처럼 일을 하셨을 것이다.

산업혁명 이후 생산수단을 소유한 자본가들은 대량생산과 생산비용을 낮춘 제품을 생산하여 이윤을 극대화하기만 하면 열악한 환경의 공장에서 노동자를 착취하고, 야간노동을 강요하는 등 노동자의 인권은 중요하게 생각하지 않았다. 이러한 경향은 최근까지 세계화라는 미명 하에 많은 자본가들이 중국, 베트남, 방글라데시 등 저임금 국가로 공장시설을 옮겨 규격화된 제품을 기계로 찍어내듯이 생산하고 있다.

이와 같이 해당제품이 어떤 환경에서 누구에 의해 만들어졌는지 중요하게 생각하지 않고 제품을 생산하는 것을 비과시적 생산이라 하고 지금도 세계 곳곳에서는 이러한 생산방법으로 제품을 만들고 있다. 싸게 만들 수만 있다면 아동 및 여성 노동자 착취, 저임금, 열악한 근무환경은 전혀 문제가 되지 않는다.

라벨만 붙어있으면 어디에서 누가 어떻게 만들었건 소비자들은 중요하게 생각하지 않는다고 생각하고 마치 본국에서 만든 것처럼 표시해 두곤 했다.

한때 volvo s90이 중국에서 만들어졌으나 made by sweden이라고 하여 마치 스웨덴에서 만들어진 것처럼 표시했던 것도 그 한 예라 할 것이다. 미국, 프랑스의 제품임에도 동남아시아의 저임금 국가에서 만들고는 designed by USA 또는 designed by France 등으로 표시하는 꼼수를 사용했던 것도 마찬가지다.

그러나 최근 미국의 소비자들은 가격이 좀 비싸더라도 made in china보다 made in USA를 선호한다고 응답한 비율이 60~70%이며 이러한 현상이 비과시적 소비를 하는 계층을 중심으로 일어나고 있다(야망계급론 p231).

잉글하트(Ronald Inglehart)가 세계 각지 수천명의 사람들을 대상으로 조사한 결과에 의하면, 제2차세계대전 이전 세대에게는 여전히 물질적 재화가 중요하지만 상대적으로 번영을 누리며 자란 전후 세대에게는 자기표현과 소속감 같은 비물질적인 것이 가장 중요한 것으로 나타났다.

made in USA의 소비자들은 제2차세계대전 이전 출생 세대와는 달리 대부분 경제적 풍요와 평화의 시기에 자랐기 때문에 공정한 노동과 환경주의를 중요하게 여기는 포스트모던적 가치관(개성·자율성·다양성·대중성과 절대이념을 거부하고 탈이념 중시)을 가지고, 드러나지 않는 방식으로 돈을 쓰고, 겸손하고 비과시적인 소비재를 선호한다.

이들이 하고 있는 유기농, 농민 직거래, 슬로푸드 운동은 크고 작은 방식으로 21세기 과시적 생산의 본질을 이룬다. 그들이 환경주의와 포스트모던적 가치의 영향을 받아 라벨 없는 가죽가방, 라벨 없는 티셔츠 등을 선호하는 자발적 소박함을 선호하고, 이윤이나 경제성장 보다 제품의 스토리를 중시하는 과시적 생산은 전통적인 주류자본주의에 대한 반발이라고 할 수 있다.

여러 면에서 오늘날의 패션은 인도산 차나 페르시아산 실크처럼 원산지가 중요한 대량생산 이전의 세계로 돌아가고 있다. H&M이나 포에버21의 여성용 패스트패션과 중국 및 베트남, 멕시코 등지에서 대량, 익명으로 생산되는 표준화된 제품으로 인해서 서구 소비자들은 대형 글로벌 브랜드, 특히 미국 라벨만 붙인 채 세계 구석진 곳에서 생산되는 브랜드에 더 이상 관심을 기울이지 않게 되었다.

이제 제품이 만들어진 지역과 누가 만들었는지 생산과정 전체가 체계적으로 투명하게 관리되고 구체적으로 공개되어야 한다. 로컬 생산자들과 손을 잡고 진짜 스토리가 담긴 제품, 그 지역 고유의 원료를 가지고 특별한 품질을 갖춘 제품을 만드는 것이다.

이처럼 거의 산업혁명 이전의 생산으로 복귀하는 현상이 벌어지고 있다. 구상에서부터 생산, 소비에 이르기까지 뚜렷한 스토리와 로드맵을 갖추고 장인 정신이 담긴 제품을 원산지에서 소량으로 제작, 포장, 판매하는 생산방식으로 돌아가고 있다고 한다.

그동안 제품 자체의 품질만 따졌지만, 지금은 그 제품이 원산지는 어디인지, 어떻게 만들어지는지, 누가 어떤 스토리를 가지고 만들었는지가 중요한 가치가 되었다. 과시적 소비와 달리 오늘날 많은 재화는 과시적 생산을 통해 그 지위를 획득한다.

지금 우리는 알리, 테무로 상징되는 근본도 모르는 초저가 제품이 홍수인 시대에 살고 있다. 과연 그러한 제품이 어떻게 만들어졌고, 유해한 화학물질은 없는지, 노동자의 인권은 보장되었는지, 공장환경은 어떠한지, 임금은 공정하게 지불된 제품인지 생각해 보아야 할 것이다.

이제 제품을 소비함에 있어 노동자의 인권이 보장되고, 노동환경은 어떤지 등 생산과정이 투명하게 공개되고, 조금 더 비싸더라도 made in korea가 프린트된 스토리가 있는 과시적 생산제품을 구매하는 비과시적 소비를 해야 할 때가 아닌가 생각한다.

※ 우리나라에 《야망계급론》이라고 번역 출간된 엘리자베스 커리드 할켓Elizabeth Currid-Halkett의 'The sum of small things: A Theory of the Aspirational Class, 2017'의 내용을 인용하여 작성했다.

 집, 도시를 말하다

야망계급 2024.8.23.

앞에서 과시적 소비와 비과시적 소비, 비과시적 생산과 과시적 생산이라는 주제로 글을 쓰게 된 것도 결국은 그동안 상위계층이었던 유한계급(leisure class)을 대체하고 최근 엘리트 계층으로 부상하고 있는 야망계급(aspirational class)을 이야기하고자 함이었다.

유한계급과 야망계급이 어떠한 소비를 하고 어떤 생산제품을 선호하는 지는 별도로 언급하지 않았지만 알 수 있다. 남에게 보여주기 위한 소비를 하는 유한계급은 베블런이 1899년 과시적 소비를 이야기하기 전부터 존재해 왔다.

베블런은 유한계급은 실용적이지 않은 물질적 재화를 통해 사회적, 경제적 지위를 끊임없이 과시하는 집단이라고 했다. 유한계급은 재산을 소유했고, 생산수단과 물질적 재화를 획득하는 수단을 지배했다.

산업혁명은 중간계급 사업가와 노동자들의 유입을 가져왔고, 부와 가처분 소득을 창출함으로써 소비를 통해 지위를 구매했다. 흔히 유한계급을 상위계층이라고만 생각할 수 있지만 소득에 비해 과다한 가격의 수입자동차나 우리가 알 수 있는 명품백, 명품 의류 등을 걸치고 다닌다면 그 또한 유한계급이라고 할 것이다.

1990년대 후반부터 2000년대 초반에 불기 시작한 라벨의식현상으로 인해 유한계급들은 대문짝만한 명품 브랜드 가방이나 의류 등을 착용했고, 그러한 능력이 안 되는 대중들은 짝퉁 명품을 구입하여 그 욕구를 해소하기도 했다.

이러한 시기를 지나면서 문화적 잡식성을 가진 소비자들에게서 제품자체의 품질보다는 제품의 가치와 스토리를 중시하는 비과시적 소비와 생산과정의 투명성을 강조하는 미묘한 변화가 일어났다. 이른바 야망계급의 등장이다.

야망계급은 전통적인 지위재와 달리 일반적인 중간계급과 똑같은 금액을 쓰더라도 희소한 정보를 통해서만 접근할 수 있는 재화를 사용함으로써 자신을 다른 사람과 차별화한다.

오늘날 야망계급의 일부 성원들은 라벨과 과시를 확고하게 경시하며 자신들의 문화자본과 행동과 정보 자체에는 돈이 들지 않더라도 아무나 따라 할 수 없는 기표를 업그레이드하는 방식으로 구별짓기를 한다.

야망계급이 공유하는 경험 중 대부분은 설령 물질적으로는 비과시적일지라도 돈이 드는 정보를 바탕으로 한다. 가계소득이 증가하면 구성원들은 비과시적 소비에 더 많은 돈을 쓴다. 경험중심 소비 **(오페라관람, 색소폰배우기, 박물관 관람 등)**는 실용적이지도 지위 추구적이지도 않지만 상위 소득집단에서 가장 흔하게 나타난다.

재화의 불투명한 생산과정은 매 단계에서 투명성으로 대체되고 있다. 투명성 자체가 가치다. 과시적 생산으로 만들어진 재화는 야망계급 소비의 핵심 영역이다. 새롭게 구성되는 경제 및 문화 시스템에서 과시적 지위 표지의 핵심은 소비가 아닌 생산에 있다.

또한 노동시장의 엘리트들은 거주지와 가까운 곳에서 일할 수 있는 사치를 누리는 데, 삶의 질에 영향을 미치는 출퇴근시간 최소화를 위해 도시를 선택한다. 야망계급인 도시 거주자들은 도시생활이 제공하는 편의 때문에 높은 집세를 기꺼이 감내하는 것이다.

과시적 생산이 승승장구하는 중이다. 제품이 어디서, 어떻게 만들어지는지가 어떻게 보이는지보다 훨씬 중요해졌다. 최근 몇 년 동안 야망계급 성원들은 '메이드인 LA'티셔츠, 유기농 식품, 가죽을 엮어 만든 라벨 없는 가방, 노동집약적으로 생산되는 커피 등 더 미묘한 지위 신호를 추구하고 있다.

물질적 재화가 더 이상 사회적 지위나 경제적 지위를 보여주지 아니한 현재 반드시 비싸지는 않더라도 야망계급은 그들의 전유물이라 할 수 있는 문화적, 사회적 자본을 함축하는 미묘한 행동과 재화를 통해 지위를 드러낸다.

이 지배적 문화 엘리트들은 단순한 과시적 소비 대신 과시적 생산, 비과시적 여가에 참여하는 쪽을 선호하는데, 이들의 소비행동은 과거 물질적 과시에서 벗어나 암묵적이면서도 은근히 암호화된 수단으로 사회적, 경제적 위치를 보여주고 부를 재생산하는 방향으로 바뀌었다.

물질적 재화가 풍부한 지금 우리가 유한계급으로 남을 것인지 야망계급으로 진화할 것인지 생각해 보아야 할 것이다.

※ 우리나라에 《야망계급론》이라고 번역 출간된 엘리자베스 커리드 할켓Elizabeth Currid-Halkett의 'The sum of small things: A Theory of the Aspirational Class, 2017'의 내용을 인용하여 작성했다.

집, 도시를 말하다

부동산과 정치 2025.10.21.

《부동산과 정치》라는 김수현 세종대 교수(전 청와대 정책실장)가 쓴 책이 있다. 이 책은 저자가 문재인 정부 청와대 재직시 경험했던 부동산 가격의 폭등사태에 대해 원인과 회한 등에 대하여 기록한 책이다.

최근의 부동산 가격 폭등과 비견해 보면 참고할 수도 있겠다 싶어 해당 책에서 이야기하고 있는 내용들을 소개하고자 한다. 가급적 원문의 내용을 그대로 인용했고, 일부분만 발췌하다 보니 저자의 의도와 다르게 전달될 우려가 있다. 가능하면 위 책을 정독하길 권장한다.

원래 주택은 생활필수품이면서 투자 수단이라는 양면성이 있었는데, 2000년대부터 주택의 금융화 현상이 확산되면서 상품 성격이 더 강화되었다. 문재인 정부의 부동산 정책이 제때 효과를 거두지 못한 데는 부동산 과잉 수요를 유발하는 금융화 현상의 위험성을 충분히 인식하지 못한 측면이 크다.

그런 점에서 부동산 문제의 핵심 요인과 부차 요인을 혼동하면 안된다. 핵심은 넘치는 돈이 자산시장으로 흘러들어가는 구조이며, 공급, 세제, 그리고 청약제도 등 한국적인 제도들은 부차적인 요인이다.

부동산은 수요는 빠르게 변하는데 반해, 공급은 더디기만 하다. 이 때문에 수요-공급의 불균형은 부동산 시장의 숙명과도 같은 것이다. 적어도 책임 있는 전문가, 언론, 정당이라면, 공급 부족 공포론을 조장하는 데 동참해서는 안 된다.

공포로 돈을 벌겠다는 사람들이 있을 수는 있지만, 책임 있는 사람들이라면 사회 전체가 공급을 늘리고 있으므로 공포심을 갖지 말고 기다려 달라고 다르게 말해야 한다. 부동산 경기에 따라 당연히 부동산 세금, 금융 대출, 청약제도 등을 강화 또는 완화해야 한다.

다만 보유세를 경기에 따라 바꾸는 것은 집값 안정이나 부양효과도 없이 세금에 대한 신뢰만 떨어뜨릴 뿐이다. 대신 취득세는 경기에 따라 강온으로 바꿀 수 있다.

부동산은 일단 상승 사이클이든, 하강 사이클이든 흐름에 들어가면 좀체 방향을 바꾸기가 쉽지 않다. 이른바 대세 상승과 하락 과정을 우리는 몇 차례나 경험했고 이는 전 세계가 마찬가지다.

그러나 시장 안정에 시간이 오래 걸릴수록 부동산 문제는 정치적 현안이 되고 만다. 정치권은 물론이고 언론, 전문가, 시민단체까지 가세해서 확실한 처방이 있는데도 정부가 안 하고 있다고 질타하는 대열에 서게 된다. 단골메뉴는 보유세다. 원가공개나 반값 아파트도 마찬가지다. 재건축 규제를 모두 풀어서 원하는 곳에 집이 공급되게 하라거나, 수백 만 채를 공급하겠다는 물량 경쟁도 격화된다.

그러나 이런 포퓰리즘들은 그 당시는 현란하지만, 부동산 시장의 본질은 해결하지 못한다. 현실성도 없을 뿐더러 시장에도 결코 긍정적인 영향을 끼치지 못한다. 특히 소수의 수혜 계층을 과대 포장해서

  집, 도시를 말하다

마치 전 국민에게 혜택이 갈 것처럼 현혹할 뿐이다.

그럼에도 부동산 이상주의자, 선동주의자들은 책임을 지지 않는다. 집값이 올라 민심이 흉흉해질 때면 어김없이 등장하는 얘기들이 있다. "이것만 하면 될 텐데, 그걸 안 해서 집값을 못 잡는다!"

대표적으로 "시장에 맡겨두면…", "보유세만 제대로 올린다면…", "반값 아파트만 많이 공급한다면…" 하는 식이다. 원가 공개만 해도 집값을 낮출 거라는 얘기도 있다.

인터넷 댓글 같은 데서는 더 극단적인 해법들이 난무한다. "한 채 이상 집을 못 갖게 하라", "다주택자는 양도세 100%를 매겨야 한다"는 식이다. 그러나 절대로 집값을 한 방에 잡거나 올릴 수 있는 비책은 없다.

집값 급등기에는 모든 분야에서 수십 번의 대책을 내놓지만 효과는 더디고 온갖 회피수단만 기승을 부릴 뿐이다. 넘치는 돈들이 제풀에 지칠 때까지는 도무지 체감하기가 쉽지 않다.

반면 급락기에는 종전 수요 규제를 모두 폐지해도 하락을 멈추지 않는다. 이미 세계 10위권 경제 대국이 된 우리나라는 세계 경제동향과 함께할 수밖에 없다.

주택이 점점 더 투자 상품화되는 주택금융화 경향과 전 세계적인 유동성 상황은 우리나라에도 그대로 반영되고 있다. 우리 주택문제가 갖는 보편적 성격이라고 할 수 있다.

우리 정부는 세계 그 어느 나라보다 집값 동향에 민감하게 반응해

왔고, 가격 안정을 위한 것이라면 무리한 시장개입도 주저하지 않았
다. 게다가 정부는 민심을 달래는 차원에서, 또 시장과의 심리전 차원
에서 집값, 특히 강남 아파트값을 잡겠다고 공언해 왔다.

하지만 정부의 약속이나 호언장담은 여지없이 헛말이 되고 만다.
전 세계 선진국 중에서 정부 수반이 집값을 잡겠다고 얘기하거나 집
값을 못잡았다고 사과하는 나라는 거의 없다.

정부는 정확한 시장 상황이나 정책 계획을 밝히는 등 필요한 일만
하게 하자. 시장에는 시장의 일이 있듯이, 정부는 자신들의 몫을 하면
된다.

형평성 있는 세제와 개발이익환수 체제만 작동한다면, 굳이 강남
아파트값에 전전긍긍하며 심리전을 펼 필요는 없다. 여기다 좋은 주
택이 빨리 공급될 수 있도록 택지 공급과 도시계획 인센티브 관리만
하면 된다. 주거복지를 튼튼히 구축해서 주거 취약계층을 보호하는
일도 중요하다.

아무튼 김수현 교수가 분석한 문재인 정부시기 집값 상승 요인으
로는 세계적인 주택의 금융화와 동조화, 저금리와 코로나19로 인한
과잉유동성과 양적완화 등이 주된 원인이었다.

그리고 이에 대한 정책실패 요인으로 DSR의 조기시행과 부동산
대출 규제를 강하게 시행하지 못한 점, 전세대출 등 유동성 통제를 하
지 못한 점, 공급불안 심리를 조기에 진정시키지 못한 점, 정책리더십
이 포퓰리즘에 흔들린 점 등을 들고 있다.

　서울시의 잠실, 삼성, 대치, 청담으로 상징되는 토지거래허가구역 해제 및 재지정 소동을 기점으로 금리인하 기대감, 확장재정 기조, 서울과 수도권의 입주물량 급감, 똘똘한 한 채 선호 현상, 풍선효과 등으로 집값이 상승하고 있다. 이에 대해 이재명 정부는 초강력 대출규제와 투기적 수요차단, 공급확대 강조등을 통해 대응하고 있는 중이다.

　현재의 부동산 가격 상승 원인이 문재인 정부 때와는 다른 측면이 있으나 10.15 대책을 통하여 문재인 정부 당시 시행하지 못했던 부동산담보대출 한도 제한, DSR시행, 전세대출 제한 등 초강력 유동성 통제와 재개발·재건축 완화, 도심지 주택공급과 공공주택 공급확대 등의 대책으로 대응하고 있다.

　그러나 아무리 좋은 부동산 정책이라 하더라도 그에 따른 부작용이 따라 올 수밖에 없다. 중장기적으로 정부는 서민을 위한 공공주택의 안정적인 공급과 주거복지에 힘을 쏟고, 부동산 시장의 안정 대책은 광역지방정부에 이양하는 것이 바람직하지 않을까 생각한다.

※ 위 내용은 《부동산과 정치》(김수현, 2023.9, 오월의 봄)에서 내용을 발췌하여 작성했다.

매력도시의 조건 2025.12.15

　서울시는 민선 8기 시정 비전으로 '동행, 매력특별시 서울'을 사용하고 있다. 이 슬로건은 약자와 동행 하는 상생도시를 만드는 동시에 "매력"을 높여 뉴욕, 런던과 어깨를 나란히 하는 '글로벌 TOP5도시'로 도약하겠다는 의지를 담고 있다. 즉 서울이 국내 균형 보다는 글로벌 도시로서의 도시 경쟁력을 극대화하는데 정책적 에너지를 투입하겠다는 시정철학이 반영된 것이다.

　이를 위해 한강 수변 공간을 문화, 예술, 여가가 공존하는 매력적인 공간으로 재편하고 있다. 수상교통을 활성화하고자 하는 '그레이트 한강 프로젝트', 공원과 정원을 확충하고 도시의 녹지율과 쾌적성을 높이고자 하는 '정원도시 서울', 주요 건축물 및 공공디자인을 랜드마크화 하는 '도시 건축 디자인 혁신', 명동, 광화문, 강남 등 지역별 거점 공간을 발굴하고 개발하여 도시 전체의 매력을 균형있게 끌어올리는 '매력거점 육성' 등의 물리적 매력 제고 방안을 추진 중에 있다.

　이어 고립된 계층을 포용하는 정책으로 약자와의 동행, 밤에도 즐길거리가 풍부한 도시를 만들고자 하는 야간 관광 및 경제, 뷰티·패션 산업과 교통 및 주거 혁신을 들 수 있다. 이러한 정책들은 '살기 좋고, 방문하고 싶고, 투자하고 싶은' 글로벌 도시로 만드는 데 집중되어 있다.

매력적인 도시란 단지 눈에 보이는 외형이나 유명한 랜드마크만으로 정의되지 않는다. 문화적 다양성, 포용성, 지속 가능성, 경제력, 시민삶의 질 등 복합적인 요소들이 균형을 이룰 때 도시의 진정한 매력이 드러난다.

글로벌 도시 컨설팅 회사인 레저넌스는 '주거 쾌적성(Livability)', '매력도(lovability)', '번영(prosperity)' 3가지 기준으로 도시를 평가하게 되는데 이를 통해 방문객과 인재, 기업들에게 도시가 얼마나 매력적인지를 보여준다.

레저넌스는 2024년 서울을 세계에서 가장 매력적인 도시 10위에 선정했다. 서울은 개인이 보유한 지식이나 기술, 경험 등의 경제적 가치를 의미하는 인적 자본이 가장 중요하게 다루어지는 번영(8위) 부문에서는 높은 평가를 받았으나, 도시의 물리적·자연적 환경 수준을 나타내는 주거 쾌적성(26위) 부문과 도시의 활력과 공간의 쾌적성을 평가하는 매력도(31위) 부문에서는 상대적으로 낮은 평가를 받았다.

런던, 파리, 뉴욕이 가진 세계에서 가장 매력적인 도시의 공통점으로 세계적인 경제력과 비즈니스 환경과 다양한 인종과 문화를 포용하는 다문화 수용성과 시민의 포용성, 세계적 수준의 문화예술 인프라, 우수한 교통 연결성과 이동성, 지속 가능한 도시정책과 도시재생 전략을 들 수 있다.

런던, 파리, 뉴욕의 사례는 매력적인 도시란 단지 외형적 화려함이나 일시적 유행이 아니라, 포용성과 지속 가능성, 창의성과 연결성

같은 복합적 가치들이 유기적으로 작동할 때 비로소 실현된다는 점을 보여준다.

이들 도시는 세계은행, OECD 등 국제기구가 제시한 '매력적인 도시의 기준', 즉 사회적 포용, 공공 공간 접근성, 삶의 질, 문화 다양성과 창의성, 지속 가능한 도시 환경을 실제로 구현하고 있다. 특히 단기적 개발 성과보다 장기적 비전과 시민 중심의 도시 전략을 통해 글로벌 경쟁력을 구축한 점은 오늘날 한국 도시들이 주목해야 할 부분이다.

제인 제이콥스는 1961년 출간된 《미국 대도시의 죽음과 삶The death and life of great american cities》에서 기존의 도시개발 방식을 비판하며, 도시 계획은 전문가의 거시적인 설계가 아니라, 실제 도시 거주민들의 일상적인 상호작용과 길거리에서 발생하는 다양한 활동을 중심으로 이루어진 사람 중심의 도시계획을 옹호했다.

그녀는 도시를 단순히 건물이나 도로의 집합이 아니라, 그 안에서 살아가는 사람들의 다양한 활동과 커뮤니티가 서로 영향을 주고받는 복잡한 시스템으로 인식했다.

이어 매력적인 도시의 조건으로 혼합용도 개발, 짧은 블록과 보행 친화적인 거리, 다양한 형태와 시기의 건물, 충분한 인구밀도로 보았다. 그녀의 주장은 당시에는 급진적이고 비주류로 여겨졌지만, 시간이 흐르면서 오늘날 도시계획의 패러다임 변화에 큰 영향을 미쳤다.

  집, 도시를 말하다

오늘날 많은 도시에서 짧은 블록, 다양한 골목, 보행자 중심 거리가 도시의 활력과 다양성, 안전을 위한 핵심 원칙으로 평가 받고 있다.

혼합용도 개발

그녀가 강조한 '혼합용도개발(Mixed-use development)'은 하나의 지역이나 건물에 주거, 상업, 업무, 문화, 공공시설 등 여러 기능이 자연스럽게 섞여 있는 도시 구조를 의미한다. 그녀는 도시가 '유기적이고, 자생적이며, 정돈되지 않은 공간이어야 한다고 강조하며, 혼합용도 개발이 도시의 다양성과 활력을 유지하는 데 더 필수적이라고 보았다.

1960년대 초반, 제인 제이콥스가 혼합용도 개발을 주장했던 시기에는 이러한 방식이 널리 받아들여지지 않았다. 당시 미국과 많은 선진국 도시에서는 '용도지역제(zoning)'에 따라 주거, 상업, 산업 등 각 기능을 엄격히 분리하는 방식이 주류였고, 대규모 재개발과 고속도로 건설, 구시가지 철거 등이 도시 정책의 중심이었다.

그러나 전국적으로 동일한 기준이 적용되면서 지역별 특성과 변화에 유연하게 대응하기 어렵고, 도시별로 획일적이고 경직된 토지 이용이 이루어져 오히려 효율적인 이용을 저해할 수 있다.

지나치게 분리된 용도 구획은 상업·주거·문화 기능의 융합을 어렵게 하여 도시의 활력과 다양성을 떨어뜨릴 수 있으며, 용도 지역 지정 및 변경 절차가 복잡해 사회적·경제적 변화에 신속히 대응하기 어려운 한계점도 있다.

1970년대 들어 용도지역제로 개발된 도시들은 다양성 부족과 단조로움, 교외 확산으로 인한 도심 공동화, 교통 혼잡, 슬럼화 등 다양한 문제를 겪게 되었고, 이에 따라 기존의 용도 분리 정책에 대한 비판이 커졌다. 이 시기부터 이러한 도시문제를 해결하기 위해 혼합용도 개발이 점차 재조명되기 시작했다.

짧은 블록과 보행 친화적인 거리

제인 제이콥스는 긴 블록과 단조로운 도로 구조가 사람들의 이동을 제한하고, 이웃 간 교류와 경제적 활력을 저해한다는 점을 지적했다. 그녀는 블록이 짧고 교차로가 많을 수록 다양한 경로와 만남이 생기고, 보행자 유입이 늘어나며, 지역 상권과 커뮤니티가 활성화된다고 주장했다. 또한 사람들이 걷고 머무르며 다양한 활동이 일어나는 보행 친화적인 거리가 도시의 안전과 활력, 사회적 유대를 만든다고 강조했다. 자동차 중심이 아니라 '사람'중심의 거리 설계가 필요하다고 본 것이다.

다양한 형태와 시기의 건물 혼재

오래된 저렴한 건물부터 잘 보존된 역사적인 건물, 그리고 새로 지어진 신축 건물까지 다양한 유형의 건물이 공존할 때 여러 소득 계층이 한 지역에 함께 살 수 있는 기회가 생긴다. 오래되거나 규모가 작은 건물은 상대적으로 임대료나 거주 비용이 저렴해, 소득이 낮거나 창업 초기 단계의 개인, 소상공인, 예술가 등이 이용할 수 있다. 반

집, 도시를 말하다

대로 신축건물이나 대형 상가는 더 높은 소득 계층이나 기업이 사용할 수 있다.

이런 환경은 한 지역에서 다양한 계층과 직업·라이프스타일을 가진 사람들이 함께 살고 일할 수 있게 하며, 도시의 사회적 다양성과 포용성을 높인다.

그녀의 이러한 관점은 1990년대 이후 도시 정책에서, 도시 내 빈곤의 집중과 주거지의 사회적 분리를 완화하기 위한 '사회적 소외', '사회적 혼합', '다양한 소득 계층 혼합 개발'과 관련한 정책의 이론적 토대가 되었다.

미국의 대규모 공공주택 재개발 프로그램과 영국을 포함한 유럽 여러 나라에서 다양한 소득 계층이 함께 살도록 하는 혼합 주거정책이 시도되었다. 이러한 정책들은 도시의 다양성과 포용성을 위한 중요한 시도였지만, 실제로 기대한 만큼의 성과를 거두지 못했다. 이는 사회적 통합이 단순히 공간의 물리적 설계만으로 이루어지지 않기 때문이다.

진정한 통합을 위해서는 주민 간의 신뢰와 상호작용을 촉진하는 다양한 커뮤니티 프로그램, 교육, 중재, 그리고 맞춤형 지원 정책이 함께 제공되어야 한다. 이러한 비물리적 접근이 병행될 때 비로소 다양한 계층과 집단이 한 지역 사회에서 조화롭게 어울릴 수 있다.

충분한 인구밀도

충분한 인구밀도는 도시의 거리와 공간이 하루 종일 활기를 유지하게 하고, 다양한 활동과 상호작용이 자연스럽게 이루어질 수 있도록 만든다. 그녀가 말한 '충분한 인구밀도'는 단순히 정주 인구만을 의미하는 것이 아니라, 그 지역에 '머무는 사람'과 '드나드는 사람' 모두를 포함하는 개념이다.

충분한 인구밀도는 도시의 활기뿐만 아니라 안전을 유지하기 위해서도 필수적이다. 모든 시간대에 거리에 충분한 사람들이 있을 때, 제인 제이콥스가 강조한 '거리의 눈' 개념이 제대로 작동할 수 있기 때문이다.

그녀는 도시의 거리에 다양한 사람들이 모이고 활동할 때, 이들이 자연스럽게 주변을 관찰하고 감시하는 효과가 생긴다고 주장했다. 즉, 지역 주민, 상점주인, 보행자 등 다양한 사람들이 거리에서 일상적으로 활동하면서 서로를 지켜보는 것이 범죄예방과 질서유지에 큰 역할을 한다는 것이다.

이러한 관찰을 토대로 제인 제이콥스는 에버네저 하워드의 전원도시 구상이나 르 코르뷔지에의 근대 도시계획 이론 등 중앙집중적이고 획일적인 공간 디자인을 추구하던 당시 도시계획가들의 접근 방식을 강하게 비판했다.

그녀는 르코르뷔지에식 고층 아파트 개발과 하워드식 저밀도 전원도시 모두 저밀도와 분산된 구조, 통행의 제한성, 그리고 일상적인 상호작용의 부족으로 인해 각 공간이 넓게 분리되고 거리 공간이 비어 있게 된다고 지적했다. 이로 인해 자연스러운 감시와 공동체의 활력이 약화되어 오히려 범죄 위험이 증대될 수 있음을 강조했다.

제인 제이콥스가 강조한 매력적인 도시 만들기의 4가지 요소는 서로 긴밀하게 연결되어 상호 보완적으로 작용한다. 따라서 이 4가지 요소가 모두 충족될 때 도시의 다양성, 활력, 안전, 사회적 포용성이 극대화될 수 있다.

특히 네 번째 요소인 '충분한 인구밀도'는 도시의 지속적인 활력과 경제적·사회적 다양성을 유지하는데 필수적이다. 적정한 인구의 집중은 다양한 용도의 공간과 건물이 효과적으로 활용될 수 있는 기반이 되며, 이는 자연스러운 감시와 교류, 그리고 다양한 활동이 이루어지는 안전하고 활기찬 도시 환경을 조성한다.

제인 제이콥스의 도시에 대한 철학은 과거의 대안이 아니라, 오늘날 쇠퇴와 소멸 위기에 놓인 도시들에게 여전히 살아 있는 나침반이다.

옥수동의 저층주거지, 삼양동 사거리, 신당동 떡볶이 거리, 성수동 거리 등에는 보행자를 많이 볼 수 있다. 그러나 강남의 대단지 아파트 주변, 테헤란로의 대형 오피스 건물 주변, 목동신시가지 대단지 아파트 주변의 거리에는 걸어다니는 사람이 많지 않다. 걸으면서 볼거리가 있고, 없고의 차이이다.

한강버스를 타기 위해 자동차를 이용해야 한다면, 저층 주거 및 상업시설이 함께 있는 지역을 대형 주상복합 건물로 재개발한다면,

오래된 건물과 신축건물이 조화롭게 이루어진 골목들을 밀어버리고 아파트를 짓는다면, 종묘와 남산의 통경축을 확보한다는 미명하에 싹 갈아엎고 대형 건물 사이로 공원을 조성한다면, 그 주변 거리가 볼거리를 제공하고 자연스러운 만남을 추구하는 매력적인 도시가 될지 의문이다.

사람 중심의 도시개발이 아니라 랜드마크 중심의 도시개발로는 매력도시는 요원할 수밖에 없다.

※ 이 글은 《소멸하지 않는 도시》 (경신원, 2025, 투래빗)에서 내용을 대부분 인용하여 작성했다.

감세정책과 민생지원금 2024.4.23.

   정부는 법인세율 인하를 통해 기업 투자를 유도하고, 고용 창출을 통한 소득 증대와 소비 활성화의 선순환 구조를 기대했다. 또한 종합부동산세율 인하를 통해 자산가들의 세 부담을 완화함으로써 가계 소비 여력을 넓히고 경제에 활력을 불어넣고자 했다. 나아가 양도소득세율 인하가 주택거래시장을 정상화하여 궁극적으로 침체된 경기를 되살리는 마중물이 될 것으로 전망했다.

   이러한 정책의 핵심은 결국 부자들이 앞장서서 투자도 하고 소비를 늘려 경제의 파이를 키우자는 '낙수효과'에 있었다. 하지만 현실은 정부의 낙관과는 정반대로 흘러가고 있다. 현재 투자를 늘리는 기업보다 오히려 줄이는 기업이 더 많으며, 고용의 질 또한 개선되지 않고 있다.

   여기에 부동산 PF(프로젝트 파이낸싱) 부실 위기가 고조되면서 금융 시장의 불안감은 커지고 있으며, 56조 원에 달하는 유례없는 세수 결손까지 발생했다. 정부가 강조하던 '건전재정'은 커녕 역대급 재정 손실로 인해 나라 살림은 그 어느 때보다 최악의 상황을 맞이하고 있다.

   자산가와 부유층에 집중된 감세 역시 실효성을 거두지 못했다. 부자들은 자산 구조의 특성상 세금이 조금 줄었다고 해서, 혹은 물가가 올랐다고 해서 소비를 즉각적으로 늘리거나 줄이지 않는다. 즉, 상층부에 집중된 혜택이 아래로 흘러 내려가는 통로가 막혀버린 셈이다.

또한 정부는 부동산 PF 시장의 붕괴를 막기 위해 정책금융으로 수십 조 원을 쏟아붓고 있다. 이로 인해 고금리 상황임에도 시중에 유동성이 넘쳐나고 있지만, 이 자금은 생산적인 소비로 연결되는 대신 오히려 물가 상승을 자극하는 부작용만 낳고 있다. 무리하게 사업을 확장하다가 문제가 된 부실 건설사는 시장의 원리에 따라 도태되는 것이 자유시장경제의 기본 원칙이다.

그럼에도 정부는 부실을 떠안으며 연명시키는 방식을 택했다. 결과적으로 그동안 추진된 정책 중 서민들의 실질적인 삶을 위한 정책은 단 하나도 없었다고 해도 과언이 아니다.

이제는 정책의 패러다임을 완전히 바꿔야 한다. 물가 상승에 대한 과도한 우려로 민생을 외면할 것이 아니라, 지역화폐를 매개로 한 민생지원금을 화끈하게 풀어야 한다. 자영업자와 전통시장 등 경제의 밑바닥에서부터 실질적인 구매력이 발생할 때 비로소 온기가 위로 올라오는 '분수효과'를 기대할 수 있다.

경제 활성화의 주역을 더 이상 부자들에게만 국한하지 말고, 이제는 서민들에게도 그 역할을 주어야 한다. 서민의 주머니가 채워질 때 비로소 우리 경제는 진정한 활력을 되찾을 수 있다.

낙수효과와 분수효과 2024.4.24.

대기업과 부자들에게 감세정책을 시행할 때 단골로 따라 나오는 말이 낙수효과(trickle-down effect)다. 부자나 기업이 경제적으로 성장을 하면 아래에서도 차례차례로 저소득층까지 성장을 할 수 있는 효과를 낙수효과라고 한다. 평균 국민소득이 낮은 저개발국가들이 경제 성장을 도모할 때 사용되고 우리나라도 과거에는 낙수효과를 통한 경제성장을 이루었다고 한다.

이 경우에는 부자, 대기업을 위한 정책이 투자를 늘리고 고용을 늘려 소득을 증대시켜 경제 전체의 파이를 키우는 역할을 했다.

그러나 경제 규모가 커지고 국민소득이 높아진 상황에서는 부자나 기업이 혜택을 본 자금으로 초강대국이며 거대 소비국인 미국이나 저임금 국가에 투자를 하게 되니 국내경제에는 기대한 것만큼의 경기부양 효과가 없게 된다.

분수효과(trickle-up effect)는 저소득층의 소득 증대가 총수요 진작 및 경기 활성화로 이어져 궁극적으로 고소득자와 기업의 소득도 높이게 되는 효과라고 한다.

부자와 대기업의 삶을 걱정한다면 지금처럼 감세정책으로, 국민들의 삶을 걱정한다면 직접적 부양효과가 있는 정책을 시행해 주기 바란다.

민생지원금을 주면 국가재정이 거덜난다고 걱정하는 사람들이 많던데 부자, 대기업들에게는 민생지원금 규모보다 더 큰 금액을 덜 거두어 이미 거덜내고 있는 중이다.

지금 우리 경제규모면 낙수효과를 기대하는 간접적 대책보다 민생지원금을 통한 분수효과를 기대하는 직접적 대책이 오히려 더 효율적일지도 모른다.

통계와 집계 2024.5.17.

다음과 같은 두 개의 언론보도 사례가 있었다.

하나는 전정부에서 국가의 주요지표인 집값, 소득, 고용 등 광범위한 부문에 걸쳐서 국가적 통계를 조작 및 왜곡했다고 하면서 떠들석하게 언론에 보도된 적이 있었다. 요지는 집값 상승률을 인위적으로 낮추었고, 소득주도 성장이 효과가 있었다는 근거자료가 되는 가계동향조사를 왜곡했고, 고용지표도 개선되었다고 인위적으로 조작을 했다는 내용이었다.

다른 하나는 통계의 오류라고 하면서 작년 주택공급 통계에서 19만 가구가 누락되었고, 정부는 준공 후 미분양이 1만 1,363호라고 발표했는데 빅데이터로 실제 계산을 해보니 2만 9,632호가 미분양으로 파악되었다고 한다. 또한 부동산PF 부실규모가 작년까지만 해도 135조 원이라고 했는데 선거가 끝나고 나니 갑자기 230조 원으로 늘어났다고 발표했다.

'통계'를 검색하면 '대량관찰의 결과로서 얻어지는 숫자. 곧, 일정한 때와 장소에 있어서의 일정한 집단적 현상을 그의 요소나 또는 부분의 하나하나에 대하여 대량적으로 관찰·계량하고 그 대세를 숫자로 나타내는 일'이라고 정의되어 있다.

어렵게 설명해 놓았지만 정확하지 않은 근사값이라는 의미인 듯했다.

문득 집계의 정확한 의미도 검색해 보았다. '이미 된 계산들을 한데 모아서 계산함. 또는 그런 계산'이라고 간단 명료하게 정의되어 있다. 즉, 통계는 관찰의 결과로 얻어지는 대세를 숫자로 나타내는 일이므로 관찰자의 입장에 따라 숫자가 달라질 것이니 상대적이고 오류가 있을 수 밖에 없다. 여론조사를 예로 들면 이러한 오류를 보정하기 위해 반드시 오차범위를 공표하도록 되어 있다.

그러나 집계는 있는 수로 계산되어지는 것이니 객관적이고 정확한 답이 있을 수밖에 없다. 오차범위라는 것이 있을 수도 없고, 만약 답을 알면서도 다른 답을 내놓았다면 조작, 모르고 내놓았다면 오류라고 할 것이다.

위의 보도 사례에서 둘다 통계라는 용어를 사용하고 있지만 전자는 통계, 후자는 집계이다. 관점에 따라 다른 통계 오류와 명쾌한 답이 나오는 집계 오류(또는 조작)를 대하는 언론의 태도가 너무 다르다.

집, 도시를 말하다

25조 원과 13조 원 2024.6.14.

지인과 점심 식사를 하던 중, 강릉 안목항 카페거리에서 선물 가게를 운영하는 그의 아내 소식을 들었다. 매출이 코로나 시기보다도 3분의 1 수준으로 급감했다는 이야기는 충격적이었다. 손님들이 들어와 구경만 하고 나가는 경우가 허다하다는 그의 말에서, 일반 서민들의 생활이 얼마나 피폐해졌는지가 고스란히 느껴졌다.

얼마 전 한 신문 칼럼에서는 민생회복지원금 25만 원을 전 국민에게 지급할 때 필요한 13조 원의 규모를 두고 날 선 비판을 보냈다. LG전자의 시가총액이 15조 9,000억 원이고 한국전력은 12조 8,000억 원이니, 이 거대한 상장 기업들을 통째로 살 수 있을 만큼 천문학적 액수라는 지적이었다.

그러면서 개인에게 지원금을 나눠주는 행위를 '더운 여름 아스팔트 위에 분무기로 물을 뿌리는 것'과 같다고 비유했다. 근본적인 더위를 해결하는 방안이 아니니 포퓰리즘의 유혹에서 벗어나야 한다는 주장이었다.

국민 다수를 대상으로 하는 정책은 포퓰리즘이고, 소수 대기업과 부자를 위한 정책은 포퓰리즘이 아니라는 논리나 다름없다.

친기업·친부자적 입장에서 보면 당연한 생각일지도 모른다. 지난해 기업들의 영업이익 부진과 세율 인하의 영향으로 법인세는 전년보다 23조 2,000억 원이나 덜 걷혔다. 공시지가 하락과 세율 인하가 겹친 종합부동산세 역시 2조 2,000억 원이 줄어들었다. 결과적으로 지난해 발생한 56조 원의 세수 결손 중 법인세와 종부세 감소분 합계만 25조 원에 달한다.

13조 원의 지원금은 뜨거운 아스팔트 위에 물이라도 뿌렸지만, 감세로 사라진 25조 원은 흔적도 없이 어디론가 증발해버렸다.

누군가에게는 25만 원의 지원금이 아스팔트 위의 물방울처럼 보이겠지만, 또 다른 수많은 누군가에게는 사막에서 만난 오아시스 같은 생명줄임을 왜 모르는지 답답할 따름이다.

우리나라 자영업자 비율은 약 20%로 G7 국가 평균의 두 배에 달하며, 그중 하위 20%는 연 소득이 100만 원도 채 되지 않는다.

지금 가장 고통받는 이들은 자영업자와 저소득 계층이다. 지역상품권으로 지급된 지원금이 전통시장과 골목상권을 거치며 침체된 경제에 마중물 역할을 하고, 돈이 돌게 한다는 경제의 기본 원리를 왜 외면하는가.

균형 재정을 가장한 긴축 재정 속에서 임금 인상 억제와 복지 지출 감소라는 눈에 보이는 고통은 서민들이 짊어지고, 보이지 않는 감세 혜택은 부자들이 누리는 불공정이 현재 진행 중이다.

민생회복지원금을 통해 다만 얼마라도 지원하여, 달궈진 아스팔

트 위에 물이라도 뿌려야 한다. 단 1분만이라도 시원함을 느낄 수 있
도록 해야 한다. 지금 한 모금 물이라도 아쉬운 서민들의 목은 타들어
가고 있다.